MA TANTE

GENEVIÈVE,

OU

JE L'AI ÉCHAPPÉ BELLE.

Le forcené, depuis qu'il m'a epousé,
je ne l'ai jamais vu comme ça !

MA TANTE

GENEVIÈVE,

OU

JE L'AI ÉCHAPPÉ BELLE;

PAR DO.....Y.

TOME TROISIÈME.

Avec figures.

Je me trouve mariée, veuve,
et encore fille.

A PARIS,

Chez BARBA, libraire, Maison-Egalité, galerie
derrière le théâtre de la République, n° 51.

AN IX.   1800.

MA TANTE GENEVIÈVE.

CHAPITRE XXIII.

Suite des aventures de ma tante. Ses débuts à la comédie.

Je partis donc, me dit-elle, toute enthousiasmée de la comédie, dans une voiture, avec le directeur, son épouse et une autre actrice.

On ne me parla encore, pendant tout le chemin, que des agrémens dont j'allais jouir, et des succès que j'allais avoir. On me fit chanter toutes les chansons de village que je pouvais savoir; et les complimens dont je fus comblée, redoublèrent encore mon amour propre et mes espérances. Les deux actrices firent une remarque au sujet du genre auquel on devrait m'employer de préférence. La

longue habitude de mon premier métier
de blanchisseuse m'avait fait contracter,
disaient-elles, des gestes, un maintien
et un ton de la *Grenouillère*, qui seraient
précieux dans les pièces de Vadé. En
conséquence il fut décidé, dans ce premier petit comité ambulant ou roulant,
que je me destinerais au genre poissard,
et qu'on me ferait apprendre pour débu-
ter dans l'opéra comique de *Jérôme et
Fanchonnette*, qu'une de ces dames
avait justement dans sa poche.

Elle me le donna à lire pour en chanter les airs, et je m'en acquittai du premier abord d'une manière si originale,
disaient-ils tous trois, et en y adaptant
des gestes suivant mon idée, qu'ils en
rirent aux larmes, et me réitérèrent les
assurances du début le plus brillant.

Nous arrivâmes à la ville où la troupe
devait s'établir pour passer tout l'hiver.
Le directeur me prit chez lui, et, en
attendant que je fusse en état de gagner
des appointemens pour m'entretenir moi-

même, il se chargea de mon logement, de ma nourriture, de ma garde-robe, de mon blanchissage, en un mot de toute ma dépense ; et m'engagea à bien étudier, pour me mettre promptement en état de pouvoir jouer. La troupe débuta donc sans moi, pendant que j'apprenais mon premier rôle de Fanchonnette.

Quand je le sus bien, et qu'on me l'eût fait répéter, je fus à mon tour annoncée pour mon début.

J'avais été assez hardie à la répétition le matin sur le théâtre, parce que je n'avais vu que cinq à six acteurs ou actrices à l'entour de moi, et personne devant......... Mais, quand j'entrai le soir, et que je vis toutes ces lumières qui m'éblouissaient, et la quantité prodigieuse de toutes les têtes qui me fixaient, je perdis contenance, je fermai les yeux, mes jambes tremblèrent, et je ne pouvais plus ni avancer, ni reculer, ni presque me soutenir.......

Le directeur, qui était dans la coulisse, avait beau vouloir m'animer et me crier « courage! allons, du cœur! chan-» tez donc »!........ je ne pouvais plus décoler ma langue........ Enfin je fis un effort pour commencer un couplet, mais les premiers sons que je pus donner furent si faux, que j'entendis aussitôt partir, des différens côtés de la salle, des coups de sifflets qui m'effrayèrent et achevèrent de me faire perdre la tête.

Je ne connaissais pas encore cette manière que le public a adoptée, pour témoigner son mécontentement aux acteurs; et ce bruit aigu me rappelant seulement les histoires de brigands que j'avais entendu raconter, j'oubliai que j'étais sur le théâtre. « Ah mon dieu! » m'écriai-je en tremblant, est-ce que » je suis dans un bois, donc? Y a des » voleurs ici : v'là que j'entends leurs » chifflets »!........ et je ramassai toutes mes forces pour me sauver derrière une coulisse où je m'évanouis absolument, pendant que toute l'assemblée riait à se

rouler, de cette sortie d'un genre nouveau , que je venais de faire.

Tandis' que l'épouse du directeur et
quelques autres actrices me prodiguaient
des secours pour me faire revenir, le
directeur lui-même alla haranguer le
public, et solliciter son indulgence pour
la jeune débutante, qui n'avait encore
paru sur aucun théâtre , qui avait vraiment une jolie voix, mais dont l'extrême
timidité avait besoin d'encouragement...
et il apprit l'accident qui venait de m'arriver, occasionné par la grande sévérité
avec laquelle on m'avait traitée.

Le public, qui est assez naturellement
porté à la critique , n'est cependant
jamais méchant, et s'il fait quelquefois
sentir des mouvemens d'humeur, il aime
à en dédommager par des marques de
sensibilité et de bienveillance ; c'est ce
qui arriva à mon sujet. Un applaudis-
sement général , qui suivit le petit discours du directeur, lui annonça d'abord
l'intérêt que l'on prenait à moi, et bien-

A.

tôt toutes les voix crièrent : « L'actrice!
» l'actrice ! qu'elle paraisse ! ame-
» nez - là » !........

Je commençais à reprendre connaissance, et la directrice profitant de ce
moment avantageux pour moi, où ma
pâleur devait me rendre encore plus
intéressante, m'amena sur la scène à
l'aide d'une autre actrice qui me sou-
tenait aussi. Des battemens de mains
universels et des *bravo* multipliés m'ac-
cueillirent aussitôt, et me vengèrent
des sifflets qui m'avaient si vivement
affectée.

Un individu même du public, prenant
la parole au nom de toute l'assemblée,
engagea à me laisser reposer un instant
et reprendre mes esprits, pour venir ensuite recueillir les suffrages par lesquels
on voulait me dédommager.

Je saluai comme je pus, sur l'avis que
m'en donna tout bas la directrice, et je
fus reconduite dans les coulisses au bruit
des mêmes applaudissemens.

Ce petit triomphe que je venais de remporter par la seule bonté du public, puisque j'étais loin d'avoir encore rien mérité de sa part, servit beaucoup à me rendre le courage, et deux verres d'excellent vin, que le directeur me fit avaler, ayant achevé de me remettre tout-à-fait, je me décidai à reparaître; l'amour propre se mettant de la partie, me fit sentir que je devais m'efforcer de justifier ces encouragemens que l'on voulait bien me donner; ce vin d'ailleurs m'avait inspiré de la hardiesse, et je reparus avec assez de fermeté.

Je chantai mon premier air, pas encore très-bien, mais je fus applaudie, et dès cet instant la peur me quitta entièrement, et j'allai de mieux en mieux jusqu'à la fin, où l'on me témoigna la satisfaction la plus complète, non-seulement en m'applaudissant unanimement, mais encore en redemandant une seconde représentation de cette même pièce pour le lendemain.

Voilà, ma nièce, comment se passa et s'acheva l'histoire de mon début, que quelques actrices jalouses avaient bien cru devoir être celle de mon enterrement pour le théâtre. Quant aux acteurs, ils me félicitèrent tous de la meilleure foi du monde, m'encouragèrent et m'assurèrent que je ne tarderais pas, en travaillant, à devenir un sujet très-précieux pour leur troupe.

J'eus encore plus de succès le second jour, et, j'ose le dire, un peu mieux mérité. La confiance m'avait mise à mon aise, et je fis beaucoup mieux valoir ma voix.

J'appris ainsi, et je jouai successivement trois ou quatre rôles dans lesquels j'eus toujours beaucoup d'agrémens....... Au bout de quelque temps, le directeur voyant que les recettes baissaient, faute de varier le répertoire, imagina de ranimer un peu le public, en lui donnant des pantomimes et des mélodrames à grand spectacle. Comme j'avais peu d'habitude d'étudier, et qu'il me fallait beaucoup de temps pour apprendre de nouveaux rôles d'opéra, il pensa qu'il pouvait toujours, pour tirer parti de moi et m'accoutumer de plus en plus à la scène, me faire paraître dans des rôles de déesses et de magiciennes, où il n'y avait rien du tout, ou presque rien à dire, et qui pouvaient bien me convenir, parce que j'avais assez de taille.

Cela me plaisait aussi beaucoup dans les commencemens, parce que j'étais toujours habillée très-richement dans ces pièces. Comme bien des acteurs et des actrices, je jugeais de l'importance d'un rôle par la beauté ou par l'élégance du costume, et je préférais la robe brillante et dorée d'une princesse, au déshabillé mesquin de Fanchonnette. Je jouai donc plusieurs de ces ouvrages pendant trois ou quatre mois que je mis à monter une demi-douzaine de petits opéra. Mais à la longue, différens accidens me firent changer d'idée sur le genre de ces pantomimes.

Un jour, dans un vol, je tombai du haut d'un char, et je me démis une épaule. Une autre fois, m'abymant sous le théâtre en magicienne, je m'écorchai toute une jambe le long de la trappe. A une autre représentation, des diables et des furies mirent le feu à ma coiffure avec leurs torches, j'en perdis mes cheveux, et j'eus la tête presque rissolée......

Tous ces inconvéniens me dégoûtèrent absolument de l'emploi vaniteux des déesses et des sorcières, qui, malgré leur pouvoir magique, me paraissaient très-mortelles.....

Je signifiai donc au directeur que j'y renonçais, et qu'il pouvait choisir quelqu'autre actrice qui eût des membres de rechange à lui sacrifier.....

Cette signification ne le satisfit pas beaucoup, et il me bouda même quelque temps; mais je tins ferme, et je me bornai à jouer le peu d'opéra que je savais, et dans lesquels j'étais toujours fort applaudie....... Pàques approchait, c'était le moment de renouveler les engagemens des comédiens, et l'époque où notre directeur avait dit qu'il traiterait avec moi pour le mien. Je lui en parlai donc ; mais il voulut y insérer l'obligation de reparaître dans les pantomimes. Je m'obstinai à ne pas le vouloir, et nous restâmes ainsi indécis pendant quelques jours.

Sur ces entrefaites, un jeune acteur nommé monsieur Belle-Rose, qui jouait avec moi les amoureux de nos opéra, et qui même me faisait sa cour aussi hors du théâtre, sachant la difficulté que j'apportais à mon engagement, m'approuva beaucoup. Il me dit que le même motif l'avait déterminé à ne pas renouveler le sien (car il avait été blessé dans un combat de pantomime, d'un coup de sabre qui lui avait coupé une partie du nez......) mais qu'il avait trouvé à s'en-

gager bien plus avantageusement dans
une autre troupe, où l'on ne jouait que
de l'opéra et de petites comédies, et
que si je voulais, comme on avait besoin d'une chanteuse, il m'y ferait engager aussi. Que j'y serais très-bien
payée, et que j'aurais beaucoup moins
de fatigue et de danger à courir que dans
une troupe où l'on se fixait principale-
ment à la pantomime.

« Soyez sure, ajouta-t-il, que ce genre
» barroque, mais brillant, qui peut
» étourdir et éblouir le public, l'attire
» bien en foule trois ou quatre fois,
» mais qu'il ne peut pas se soutenir.
» Les petits genres, au contraire, sans
» paraître l'affecter si vivement, le
» flattent, l'amusent et le font revenir
» plus souvent, par la facilité qu'ils ont
» de se varier et de se renouveler ; de
» sorte que le directeur des comédiens
» et chanteurs a toujours de quoi payer
» ses frais, et du bénéfice de reste : au
» lieu que l'entrepreneur du spectacle

» à machines se ruine, et finit par faire
» banqueroute à ses pensionnaires et
» fournisseurs......... C'est ce que j'ai
» déjà vu arriver plusieurs fois, et ce
» que j'ai pronostiqué à Saint-Franc.
» C'est vraiment un honnête homme ;
» mais il n'a pas de calcul, et il s'est
» enthousiasmé pour un mauvais genre,
» qui l'enterrera ».

D'après toutes ces observations, je me
déterminai aisément. Je dis à monsieur
Belle-Rose d'écrire sur le champ à son
nouveau directeur, à mon sujet, et que
si la réponse était favorable, j'accepte-
rais avec plaisir. Il me répondit qu'il
allait mettre la lettre à la poste, et que
dans six jours j'aurais de bonnes nouvelles.

Il revint effectivement me trouver au
bout de ce terme, me montra une lettre par laquelle on lui marquait que je
pouvais partir en toute assurance avec
lui ; qu'on me donnerait cent louis
d'appointemens pour mon emploi seul

de chanteuse dans l'opéra , et qu'on rembourserait , en arrivant, les frais de mon voyage et du port de mes effets. Enchantée de ces belles promesses , je fis une malle où je ramassai tout ce que je pouvais avoir en linge , robes , argent et petits bijoux , car les dames et messieurs de la ville , qui m'aimaient beaucoup , et qui savaient que je n'avais pas d'appointemens, que je ne gagnais cette année , dans la troupe , que ma nourriture, etc. , m'avaient fait toutes sortes de cadeaux en m'invitant à des dîners et des soupers où je chantais de petits couplets et racontais mes premières aventures , celle sur-tout avec monsieur Jasmin , qui m'avait fait connaître par le directeur , et engager dans sa troupe.

Je confiai cette malle à monsieur Belle-Rose , qui la fit enlever en me disant qu'il allait la faire partir avec les siennes par le fourgon , à l'adresse de notre nouveau directeur , et que le lendemain de la clôture du spectacle , qui était dans trois jours, nous nous en irions ensemble par la diligence, où il allait retenir nos places.

Tout cela étant bien convenu, nous feignîmes, pour ne rien laisser deviner de notre intention. La clôture se fit sans que j'eusse reparlé au directeur, ni à sa femme, qui, ne se doutant aucunement de mon accord avec Belle-Rose, croyaient toujours que je resterais avec eux, forcée d'accepter les conditions qu'ils m'avaient proposées. Nous soupâmes donc encore ensemble, comme si de rien n'était, et je m'allai coucher ainsi qu'à mon ordinaire. Mais dès le point du jour je sortis, pendant qu'ils dormaient, et j'allai retrouver monsieur Belle-Rose à l'auberge qu'il m'avait indiquée. La diligence était déjà prête; on ne tarda pas à atteler les chevaux, et nous partîmes.

CHAPITRE XXIV.

Comment finit le voyage avec monsieur Belle - Rose. Ma tante n'est plus comédienne.

Nous fîmes de suite quinze lieues, sans nous arrêter que pour manger un morceau à la dînée. Le soir on s'arrêta un peu plus long-temps, puis on repartit, et l'on courut toute la nuit. Le lendemain, dans l'après-midi, nous arrivâmes dans un endroit où la diligence arrêtait, à quarante lieues à-peu-près de la ville d'où nous étions partis. On devait reprendre là une autre voiture pour conduire les voyageurs qui avaient affaire plus loin. Tout le monde descendit donc. Monsieur Belle-Rose me proposa d'aller faire un tour par la ville, pour nous dégourdir les jambes et gagner de l'appétit en attendant le souper, parce que la

seconde diligence ne partait que le lendemain. J'y consentis volontiers ; je pris
son bras, et nous voilà en marche.

Il était d'une gaieté folle ; il me faisait cent contes pour me distraire, car
je rêvais déjà, malgré moi, à l'inconséquence de la démarche que j'avais faite
en quittant si brusquement et si mal-
honnêtement un directeur, dont, au
bout de tout, je n'avais qu'à me louer,
car il avait eu, ainsi que sa femme,
toutes sortes d'égards pour moi. Ils
avaient cherché à me faire acquérir du
talent ; je leur étais redevable du peu
que j'en avais déjà, ainsi que des cadeaux que j'avais reçus dans la ville, par
le bien qu'ils avaient dit de moi à tout
le monde, et je ne les avais payés que
d'ingratitude !...... Ces tristes et justes
réflexions m'affectaient sensiblement....

De temps en temps je faisais à monsieur Belle-Rose des questions sur notre
nouveau directeur et sur la ville où nous
allions ; mais il me répondait d'une

manière équivoque, sans me donner d'explication, mê disant seulement que c'était un très-honnête homme à qui j'aurais affaire, et que je me plairais beaucoup dans l'endroit.... Qu'au surplus ce n'était pas là le moment de parler théâtre ; qu'on était en vacance, et qu'il ne fallait penser qu'à se divertir.

Tous ces faux-fuyans commençaient à me donner de l'inquiétude. Je crus même remarquer qu'il se coupait en me disant un nom pour un autre, au sujet de ce directeur. Je demandai à revoir la lettre par laquelle il promettait de me donner cent louis. Il me refusa, sous prétexte qu'il l'avait enfermée dans ses malles. — Oh ! pour le coup, cela ne me parut pas clair.

« Comment ! lui dis-je, eh mais, ce » papier-là ne devait pas sortir de votre » poche, ou, pour mieux dire, vous » auriez dû me le donner, à moi, puis- » que c'est mon titre, et j'ai très-mal

» fait de ne pas vous le demander avant
» de partir. — Pourquoi donc, made--
» moiselle ? — Parce qu'enfin, s'il ne
» voulait pas m'engager à présent que
» j'aurai fait le voyage, que vais-je de-
» venir ? Et comment le forcerai-je, si
» je n'ai pas sa lettre à lui représenter ?
» — Quelle idée !.... Mais quand cela
» serait, au pis aller...... craignez-vous
» de manquer avec moi ? Est-ce que je
» vous abandonnerais ?..... Nous aurons
» assez de mes appointemens pour vivre
» tous les deux. — Moi, monsieur, vivre
» à vos dépens ! et à quel titre, s'il vous
» plaît ? — Eh bien, mais....... de ma
» bonne amie, de ma maîtresse, de
» ma petite femme....... — Qu'est-ce à
» dire, de votre maîtresse ? — Eh ! oui.
» N'y a-t-il pas déjà assez long-temps
» que nous jouons ensemble les rôles
» d'amoureux au théâtre ? Il est temps
» que nous les jouions tout de bon et
» par-tout...... et j'espère bien, mon
» cher cœur, que nous allons commen-

» cer dès ce soir, à l'auberge, à ne faire
» qu'un lit; et voilà le premier baiser
» conjugal que je vous donne pour gage
» de ma foi ». Et il voulut m'embrasser.

« Comment, effronté ! lui dis-je en le
» repoussant fortement, est-ce que c'est
» un enlèvement que vous avez pré-
» tendu faire ?..... Est-ce que vous avez
» pensé que parce que je m'étais mise
» à votre théâtre, c'était pour y devenir
» une prostituée ?....... Désabusez-vous
» de cette idée-là. Vos dames m'ont
» paru honnêtes au château de mon
» village ; elles m'ont donné bonne opi-
» nion de leurs mœurs et de leur état,
» et j'ai pensé que je pourrais y conser-
» ver ma vertu comme elles. — Eh
» bien, sans doute, comme elles. Je ne
» vous en demande pas davantage.
» Elles vivent chacune avec un homme
» à qui elles sont fidelles, sans doute....
» tant qu'elles peuvent, du moins......
» car vous savez bien le proverbe, *à*
» *l'impossible, nul n'est tenu*..... Vous

» ferez de même, vous vivrez avec moi
» bien chastement, et vous ne me trom-
» perez que le moins que vous pourrez...
» D'ailleurs ce n'est pas ici, *ma toute*
» *bonne*, un endroit propice pour traiter
» ces questions-là. Nous ferons ce soir
» nos conditions dans le lit, et nous
» arrangerons tout cela pour le mieux.

» Dans le lit !..... impudent, lui dis-
» je, en le regardant avec mépris et
» indignation.....

» Ah ! ah ! reprit-il avec un rire iro-
» nique, ma petite Fanchonnette, vous
» voulez reprendre l'air et le ton des
» rôles de princesses et de déesses !....
» Vous savez bien qu'ils ne vous y
» réussissent pas, et que vous y avez
» renoncé. Va, va, ma petite, sois tout
» bonnement ma Fanchonnette, et garde-
» moi pour ton Jérôme ».

La colère me suffoquant à ce propos :
« C'est trop fort, répondis-je, en reje-
» tant brusquement son bras qu'il me
» roffrait encore, vous êtes un scélérat,

» comme j'en ai déjà tant trouvés ; mais
» vous n'en viendrez pas à vos fins plus
» qu'eux. Je m'en retourne à l'auberge
» où la diligence a arrêté. Je m'y ferai
» rendre ma malle, et je m'en irai toute
» seule où je retrouverai de plus hon-
» nêtes gens que vous.

» Eh bien, allez, ma belle, ne vous
» gênez pas. Je vais continuer ma pro-
» menade pour vous donner le temps
» d'évaporer votre bile ; mais je retour-
» nerai ce soir à cette auberge, et vrai-
» semblablement vous aurez mis de l'eau
» dans votre vin » ; et il poussa d'un
côté, et moi de l'autre.

Le malheureux ! il ne disait que trop
vrai !..... Etourdie par l'indignation que
ses insolences m'avaient causée, je ne
pensais pas que ma malle n'était pas sur
cette diligence. Cet escroc avait voulu
me voler, m'abuser, et me planter-là
après. C'est ce que je devinai et pus
voir clairement au bureau des voitures.

Il n'avait donné ni son nom ni le mien sur la feuille. Il avait fait partir ma malle d'avance, sans que je susse pour où, puisque tous les noms qu'il m'avait donnés, soit de personnes, soit de pays, étaient faux et supposés ; et voyant qu'il ne pouvait venir à bout de me déterminer à passer au moins une nuit avec lui, il était parti au moment où je l'avais quitté, pour reprendre le véritable chemin de la ville où il avait envoyé mes effets et les siens.

C'est ce qui me fut confirmé douloureusement quand je ne le vis revenir ni à l'auberge ni au bureau, le soir non plus que le lendemain. Pour comble de malheur, je n'avais aucun argent sur moi, car ce misérable avait encore eu la scélérate précaution de me faire tout serrer dans ma malle, en me disant qu'il ferait toute la dépense en route, puisque le directeur le rembourserait à notre arrivée. Toute ma faible ressource était dans une petite croix d'or que je portais à mon cou, et une paire d'anneaux à mes oreilles.

L'aubergiste voulut bien me garder deux jours sur le nantissement de ces effets; mais le troisième, dès le matin, il me signifia qu'ils étaient mangés et au-delà ; que ses loyers étaient très-chers, et qu'il ne pouvait plus me garder..... Le chagrin ne m'ôta pas le courage. Je regardai mon projet et mon histoire de comédie comme un songe, et cette dernière aventure comme une punition que j'avais doublement méritée, en sortant d'abord de mon village, où je n'osais plus retourner, pour me jeter au hasard dans un état si dangereux ; et ensuite en quittant mal-honnêtement le directeur et sa femme, qui étaient les seules personnes qui m'eussent encore rendu de véritables services.....

Je me rappelai ma naissance et mes premières occupations ; je sentis que j'étais née pour gagner ma vie en travaillant ; mais considérant que je ne

pouvais ni rester à la ville, dont j'ap-
préhendais les dangers et les séductions,
ni marcher bien loin, n'ayant pas de
quoi me nourrir ni payer mon gîte en
chemin, je me déterminai à aller chercher dans la campagne quelque fermier
ou laboureur, ou même simple paysan,
qui voulût me donner de l'emploi.

CHAPITRE XXV.

Grand embarras de ma tante. Elle est refusée de tous côtés. Un boulanger lui donne l'hospitalité.

Je marchai toute la journée sans boire ni manger, m'arrêtant à chaque porte du village, à chaque bicoque, à la moindre barraque, proposant par-tout mes services, mais personne ne les accepta, ni ne m'offrit même un morceau de pain, que je n'avais pas la hardiesse de demander, mais dont on voyait bien que j'avais très-grand besoin.....

Le déshabillé que j'avais sur le corps, un peu plus propre et élégant que ne semblait devoir le permettre l'état de servitude pour lequel je m'offrais, donnait de la défiance de moi à tous ceux à qui je m'adressais. J'en fus avertie par une réponse amère que me fit la dernière femme à qui je venais de me présenter pour servante.

« Ah ! ma bonne amie, vous n'y pen-
» sez pas, me dit-elle, not' servante
» avec ces belles nippes-là !...... c'est
» plutôt la maîtresse, je crois ben, que
» vous voudriez être ! mais comme je
» n'avons pas encore envie que not'
» homme troque sa ménagère pour une
» belle servante, je continuerons à nous
» servir nous-même, pour l'y empê-
» cher la tentation..... Allez, allez plus
» loin, ma mie, voir si vous trouverez
» d'aut' femme qui veuille partager avec
» vous...... » et elle me ferma la porte
au nez.

Ce propos dur et humiliant, quoiqu'en me chagrinant, me donna deux
avis utiles. L'un, que pour trouver la
condition que je cherchais, il fallait
être vêtue plus simplement ; l'autre, que
dans le besoin que j'avais de manger
et de me loger au moins pour cette
nuit, je pouvais, en troquant ma dé-

froque, remplir ces deux objets si essentiels.

Je pris donc aussitôt mon parti; je doublai le pas pour arriver avant la nuit à une espèce de petit bourg que je voyais à quelque distance devant moi; j'entrai dans la première boutique que je trouvai: c'était celle d'un boulanger, qui avait l'air d'un brave homme, et qui m'inspira de la confiance.

Je lui dis naïvement qu'ayant été volée dans un voyage que je venais de faire, et n'ayant plus uniquement que ce qu'il me voyait sur le corps, je le conjurais de vouloir bien me coucher pour cette nuit dans quelque grenier, et me donner seulement du pain et de l'eau; que le lendemain il fît venir un marchand fripier pour acheter mon déshabillé et m'accommoder de quelques méchans vêtemens de campagne, comme pour une pauvre servante, telle que je voudrais trouver à l'être; et que sans doute j'aurais au moins en retour, sur ce marché, de quoi payer le peu qu'il allait avoir la bonté de m'avancer... que même, s'il croyait pouvoir m'employer à quelque chose, je m'offrais à le servir simplement pour ma nourriture.

Ce boulanger, qui avait effectivement une bonne ame, comme l'annonçait sa figure, et qui était même une espèce de philosophe......

« Où la philosophie va-t-elle se ni-
» cher ? dira-t-on, dans un boulanger
» de village »! Eh bien, oui, il l'était à sa façon, sans le savoir, peut-être, comme celui d'une comédie que j'avais vu annoncer dans notre troupe, et jouer même sans la savoir aussi. Ce qui n'est pas rare parmi les comédiens ambu-lans......

Ce boulanger, philosophe donc, m'ayant écouté avec attention, me dit que je pouvais d'abord me tranquilliser sur un article. Qu'on devait aider les malheureux, et qu'il me donnerait à souper et à coucher sans rien exiger de moi......

« Mais, ajouta-t-il, nous savons qu'on
» fait souvent des histoires pour exciter
» la pitié du monde, et que celui qui
» les écoute est quelquefois dupe de son
» bon cœur....... Ce n'est pas que j'aie
» mauvaise idée de vous, car vous avez
» un air de franchise qui me plaît et qui
» m'intéresse en votre faveur; et si vous
» êtes aussi honnête que vous paraissez
» l'être, vous aurez peut-être bien fait
» de vous adresser à ma maison. Asseyez-
» vous, d'abord, et reposez-vous, car
» vous êtes fatiguée; et buvez un coup
» pour vous remettre ».

Et, sans attendre ni ma réponse ni mon remercîment, ce brave homme me fit entrer dans son arrière-boutique, prit une bouteille de vin qu'il avait déjà entamée (car, dès cette première conversation, je m'aperçus qu'il aimait, comme

on dit, à lever le coude, et j'en tirai bon
augure, parce qu'on dit aussi que les
buveurs ont bon cœur). Il m'en versa
un grand verre, et, trinquant familiè-
rement avec moi, me dit : « Avalez-moi
» ça, mon enfant, pour vous rendre des
» forces. Après ça, nous souperons en-
» semble, avec mon garçon, car je n'en
» ai qu'un, parce que je ne suis pas de
» ces plus riches, dà ! et puis un bou-
» langer de village ne vous tient pas des
» régimens de garçons comme ceux
» des grandes villes ! Mais c'est égal,
» mon pain est bon, mon vin n'est pas
» mauvais, et il y a encore, les jours
» de dimanche comme aujourd'hui, un
» rôti et une salade........ parce que
» j'aime à vivre, moi. Nous ne sommes
» sur la terre qu'en passant ; le bon
» Dieu nous fait pousser du blé, des
» herbes, de la vigne, et fait naître des
» animaux pour notre nourriture ; il
» nous donne en outre des bras et de la
» force pour travailler à gagner de quoi

» payer tout ça..... Car, malgré que ça
» abonde, on ne peut pas l'avoir pour
» rien..... Eh ben, quand on peut donc
» se le procurer, on serait dupe, et
» même coupable si on se laissait mourir
» de faim ou de soif...... V'là mon prin-
» cipe, à moi..... buvons »...... Et il but
un second verre, en me faisant achever
moi-même celui qu'il m'avait versé.......
« Mais, reprit-il, v'là mon garçon, à
» qui j'avais donné la clef des champs
» pour aujourd'hui, qui rentre.... Notre
» souper est tout prêt : mettons-nous à
» table, et mangeons ».

J'étais émerveillée des bons procédés
de cet homme, par comparaison sur-
tout avec les duretés et les rebuffades
que j'avais essuyées de tout le monde,
avant lui ; mais je n'eus jamais le temps
ni la permission de lui adresser des remercîmens : il me coupait chaque fois la
parole.......

« Si je fais bien, me disait-il, j'ai
» raison, et je remplis mon devoir ;

» faites bien aussi vous - même, vous
» remplirez le vôtre..... et si vous restez
» quelque temps chez moi, à l'usée nous
» nous connaîtrons mieux tous les deux ».

Tout le temps du souper se passa ainsi fort gaîment, à bien boire et bien manger, et de sa part, à nous débiter par-ci par-là quelque petite sentence de morale bachique, comme il l'appelait.

« Car, voyez - vous, mes enfans », nous disait-il, à son garçon et à moi, « sans le vin, l'homme ne serait qu'un » sot ; il ressemblerait aux bêtes qui ne » boivent que de l'eau, et qui n'ont que » de l'instinct : la rivière coule pour » elles ; mais c'est pour nous que le » raisin mûrit, et que son jus remplit » nos tonneaux.......... et je n'ai jamais » tant d'esprit que quand j'en ai bu » beaucoup ».

Enfin, à force de chercher de l'esprit dans les bouteilles, il eut pourtant celui de s'apercevoir qu'il allait bientôt perdre la raison, et une réflexion de sagesse et de prudence l'arrêta à temps.

« Mes amis, nous dit-il, en reprenant
» un ton plus posé, quoique j'aime à
» boire, il ne faut pas perdre la carte.
» Je pense que j'ai aujourd'hui des
» devoirs d'hospitalité à remplir : voilà
» une jeune étrangère que j'ai à loger,
» et si je me grisais avant qu'elle fût
» couchée, je ne pourrais plus lui indi-
» quer sa chambre; et je ne voudrais
» pas charger mon garçon de cette
» commission-là...... Ainsi, pour faire
» les choses en règle, je vas d'abord
» envoyer dormir monsieur mon garçon,
» pour qu'il se lève demain matin........
» autrement dit, cette nuit de bonne
» heure pour pétrir, et je vas mener
» mam'selle à l'endroit où elle se cou-
» chera, et s'enfermera sagement par-
» dedans, avec la clef que je lui lais-
» serai...... Après ça, je reviendrai finir
» ma bouteille en fumant ma pipe, et
» demain, ma belle voyageuse, quand

» vous serez reposée et levée , nous
» causerons ensemble , et nous verrons
» ce que nous pourrons faire pour vous.

» Ah ! mon bon monsieur ! lui dis-je...
» C'est bon ! c'est bon » ! reprit-il en
m'interrompant toujours , et emportant
la chandelle en se levant, « vous m'a-
» cheverez tout ça demain : il est trop
» tard aujourd'hui, allez vous coucher.
» Moi, il faut encore que je fume ma
» pipe, et que je prépare de la besogne
» à mon garçon, pour quand il va se
» relever. Dame , c'est que dans notre
» état, nous ne dormons pas toute la
» nuit ».

Il marchait déjà devant moi, avec la
lumière : je le suivis donc. Il me montra
une petite chambre où il y avait un assez
bon lit, m'alluma une petite lampe, me
souhaita le bonsoir, et ressortit brusquement en me donnant la clef, et me
disant, *enfermez-vous*.

Fatiguée comme je l'étais, je n'eus pas
le temps, malgré l'envie que j'en avais ,

de réfléchir beaucoup sur le caractère singulier, mais obligeant, de cet homme, et je m'endormis en remettant au lendemain à récapituler mes idées sur son compte.

CHAPITRE XXVI.

Ma tante est presque mariée avec le boulanger.

JE me levai d'assez bonne heure, et je descendis à la boutique pour aller trouver mon hôte, et lui demander ses intentions à mon sujet ; mais il dormait encore, ayant passé une partie de la nuit. Je remontai donc pour attendre son réveil, bien inquiète de ce qu'il déciderait sur mon compte.

Il m'appela bientôt par un juda qu'il ouvrit, et qui donnait dans ma chambre. Son garçon étant en course pour porter ses pains à ses pratiques ; il me dit que nous étions seuls, sans témoin qui pût nous gêner..... qu'il avait besoin d'une fille pour l'aider dans son commerce, parce que depuis qu'il était veuf, il s'apercevait qu'il ne pouvait pas faire

son ouvrage , et tenir sa boutique avec
son garçon tout seul ; qu'il se sentait une
certaine inclination à me garder avec
lui , mais que ne me connaissant aucunement , il était juste que je lui don-
nasse quelques éclaircissemens sur ma
personne. Cette demande était si raisonnable , que je lui dis que je voulais
lui avouer toute mon histoire , comme à
mon confesseur même.

Je lui racontai tout sans aucun déguisement ; lui disant le nom de ma mère
et de mon village , et le priant d'y écrire
pour en savoir la vérité , jusqu'à mon
départ avec le directeur de comédie ,
et ensuite à celui-ci , pour avoir la con-
firmation du reste jusqu'à mon enlèvement par monsieur Belle-Rose.... Ce qui
ne laissait qu'un intervalle de quatre
jours jusqu'à mon arrrivée à sa boutique ;
sur quoi l'hôte de l'auberge , où j'avais
demeurée à la ville , lui certifierait encore et mon arrivée par la diligence ,
avec mon voleur, et mon séjour chez lui.

« Ma chère fille ! me dit-il, je vous
» crois, et, quoique vous ayez joué la
» comédie, vous avez un air de vérité
» qui me paraît trop naturel pour être
» étudié comme un rôle. D'ailleurs,
» comme vous dites, je pourrais me
» convaincre en écrivant aux endroits
» et aux personnes que vous m'indi-
» quez. Je le ferai peut-être...... Votre
» conduite dans les différentes aventures
» critiques que vous avez eues, me paraît
» très-estimable, et me donne encore
» plus de confiance en vous. Restez donc
» chez moi dès ce moment, comme fille
» de boutique. Vous y serez bien traitée,
» et pas trop fatiguée ; et si vos actions
» par la suite répondent à vos paroles,
» vous pourrez être heureuse avec moi,
» et, en devenant boulangère, vous
» n'aurez plus besoin, pour avoir du
» pain de cuit, de jouer *des déesses*,
» ni *des Fanchonnettes* »..... Et voyant
que je voulais encore le remercier........
« Ça suffit, ajouta-t-il, je ne vous dis

» que ça pour le moment..... Je n'aime
» pas à causer beaucoup, à moins que je
» ne sois en gaieté, en pointe, comme
» vous m'avez vu hier...... ce qui m'ar-
» rive assez volontiers, les fêtes et di-
» manches sur-tout........ Mais jamais
» je n'aime qu'on me fasse des phrases,
» excepté quand c'est utile pour les
» affaires de mon commerce, par exem-
» ple. Hors ça, on me répond, *oui* ou
» *non*, et ça finit par là......... Vous
» savez faire la cuisine, à ce que vous
» m'avez dit dans votre histoire? — Oui,
» monsieur. — Bon ! vous allez com-
» mencer par nous faire dîner...... mais
» pas comme chez votre dame *de la*
» *Place-Royale de Paris*. Ne me mettez
» pas de poulets couvés dans la sauce.
» — Oh ! monsieur, j'y prendrai garde.
» — A la bonne heure, car je vous les
» ferais manger...... Gardez la clef de
» vot' chambre, c'est celle de ma dé-
» funte : je n'y ai pas couché depuis
» qu'elle est morte. Vous serez bien là...

» Il y a encore de son linge que je n'ai
» pas voulu vendre , et d'autres affaires
» dans les armoires , que je pourrai vous
» donner pour vous renipper , et vous
» vendrez ce *caraco de demoiselle de*
» *comédie*, et ces jolies mules brodées
» là , qui sont à vos pieds , pour vous
» avoir , si vous voulez , un jupon de
» siamoise et des souliers plats.... Quant
» à vos gages , nous parlerons de ça dans
» quelques jours , mais je ne vous trom—
» perai pas : servez-moi bien , je vous
» paierai de même » ; et il me dit
d'aller commencer à préparer le dîner.

Je fus obligée de me contenter de lui
faire une révérence ; car, sitôt qu'il me
voyait ouvrir la bouche pour parler , il
me mettait la main devant, et me disait:

« Suffit. La langue peut mentir ; il
» n'y a que les actions qui ne trompent
» pas : vous jugerez les miennes , et
» moi , les vôtres ».

Je pris donc possession de mon double
emploi de cuisinière et de fille de bou—

tique , chez cet excellent et étonnant homme ; et je n'eus qu'à me louer de lui pendant six mois , comme de son côté , il fut très-satisfait de ma conduite. Je m'étais faite à sa manie de ne vouloir pas laisser parler le monde , et il me faisait souvent compliment de ma docilité à cet égard , et de la sobriété de ma langue ; car je ne lui disais pas vingt paroles par jour.

« Voilà , disait-il souvent, comme » toutes les femmes devraient être ! Je » me rappelle d'avoir vu sur une en- » seigne , *à la bonne femme* , parce » qu'elle n'avait pas de tête..... mais le » peintre avait tort. Leur tête est encore » bonne à voir; ce n'est que leur langue » qu'il ne faudrait pas entendre ».

Le seul défaut que je voyais , avec intérêt pour lui, et qu'on pouvait raisonnablement lui reprocher , c'est qu'il aimait trop à boire , et qu'il se grisait régulièrement tous les dimanches et fêtes.

Enfin , après ces premiers six mois de mon séjour chez lui , il entra un matin dans ma chambre , ce qui ne lui était encore jamais arrivé. Il me dit d'un air sérieux et réfléchi , qu'il venait pour causer avec moi , sur l'article de mes gages.

« Eh ! mon cher maître ! répondis-je
» vivement , je suis très-contente d'être
» à votre service ; l'intérêt ne me tient
» pas , et vous me donnerez ce que vous
» voudrez.

» Oh ! voilà beaucoup trop parler !
» reprit-il. Je vous ai déjà avertie de ne
» répondre que *oui* ou *non* , quand je
» vous interrogerai. Ecoutez mes pro—
» positions , et vous me direz si elles
» vous conviennent, ou si elles ne vous
» conviennent pas ».

Je baissai la tête pour l'écouter, bien éloignée de m'attendre à ce qu'il m'allait dire , ni à la façon dont il me l'annonça.

« Entendez-moi bien, me dit-il, car,
» comme vous voyez que je ne suis pas

» en pointe , mais très à jeun exprès,
» je ne veux pas vous jaser long-temps
» non plus........ Je suis content de vos
» services et de votre conduite , et vous
» faites bien l'affaire de ma maison.....
» Quoique je vous estime , je ne suis pas
» amoureux de vous; comme je crois
» bien , et encore mieux , que vous n'a-
» vez pas d'amour pour moi : mais je
» suis brave , vous êtes honnéte. Je
» pense que j'ai besoin d'une femme. Je
» me doute qu'un mari ne vous serait
» pas de trop. Si l'affaire vous convient
» comme à moi , c'est fini en un seul
» mot. Au lieu de vous donner des gages
» comme à la servante , je vous épou-
» serai et vous donnerai les clefs de tout,
» comme à la maîtresse ».

Etourdie et flattée de cette proposition , et ne sachant comment lui témoigner ma reconnaissance : « Eh !
» mon dieu, monsieur , lui dis-je , par
» où ai-je pu mériter de votre part........
» Encore des phrases ? reprit-il , en me

» fermant la bouche. Ces pestes de
» femmes ont une terrible langue !.....
» *Oui* ou *non*, v'là tout ce qu'on vous
» demande.... — Eh mais, dame ! mon
» cher monsieur !.... — Tortillage !.....
» bavardage que tout cela ! *oui* ou *non*,
» ou bien marché nul. — Eh bien, oui,
» monsieur. — A la bonne heure. Tou-
» chez là ». Et il me tendit la main ; je
lui avançai la mienne en tremblant, il
la serra fortement, et me dit :

« C'est fini, vous êtes ma femme. Je
» vais chercher le tabellion pour venir
» souper ici ce soir avec nous, avec
» quelques amis pour témoins. Je lui
» dicterai le précis d'un contrat de ma-
» riage où je vous assurerai tout mon
» bien à ma mort, car je n'ai pas de
» parens, sinon deux ou trois, éloignés,
» même, mais des bavards et des com-
» mères qui m'ont tant ennuyé de leur
» maudit caquet, que j'ai rompu avec
» eux et ne veux jamais les revoir. Nous
» ferons un joli petit repas des accor-

» dailles, que vous allez préparer, et
» dont voilà la carte, que je vous ai
» écrite d'avance pour ne pas causer
» encore une heure là-dessus. Allumez
» du feu, et moi je vas avertir mon
» monde..... » Et il me quitta en sortant
comme il était entré...... Puis revenant
sur ses pas par réflexion........

« A propos, je pense qu'il faut des
» arrhes sur tous les marchés de consé-
» quence. Voulez-vous m'embrasser »?
Surprise de cette demande brusque,
et si peu amenée : « Monsieur....... lui
» dis-je en balbutiant........ — Allons,
» allez-vous encore perdre du temps?
» *oui* ou *non*. — Eh mais, dame !.......
» embrasser un homme !...... — Ah! je
» vous entends. Voulez-vous que je vous
» embrasse? — Oh ! mon cher maître....
» *Oui* ou *non*, encore une fois? J'ai
» affaire. — Eh bien, donc, oui, mon-
» sieur ». Et en m'embrassant : « Eh mor-
» bleu ! que de façons !..... Croyez-vous
» donc, mam'selle, qui serez bientôt

» madame, qu'il faudra toujours vous
» demander tout pièce par pièce ?......
» Oh ! je vous mettrai sur un autre pied
» que ça, moi ! Je vous ferai un signe,
» et ça voudra tout dire. Comme je vous
» dis, dans tous les cas, les actes va-
» lent mieux que les paroles ». Et il
partit tout de bon cette fois.

Je descendis aussi pour aller apprêter
ce repas de nos accordailles, tout en
réfléchissant sur la bizarrerie de mon
prétendu, et sur la manière singulière
et inattendue dont le bonheur venait me
trouver..... Car ce boulanger, sans être
bien riche, me donnait par ce mariage
un établissement honnête et solide......
et au moins l'assurance d'avoir du pain
pour le reste de mes jours.

CHAPITRE XXVII.

Le coche est remis à flot et repart. Suite des accordailles de ma tante avec le boulanger. Son mariage est manqué.

LE jour était venu pendant ce récit de ma tante, et des chevaux qu'on avait empruntés à des voituriers qui passaient, ayant été mis sur les cordes du coche avec les nôtres, qui s'étaient reposés toute la nuit, l'eau même ayant un peu augmenté, on était parvenu à nous désengraver, et nous continuâmes notre route. Nous mangeâmes un morceau de nos petites provisions pour déjeûner et laisser reprendre haleine à ma bonne tante ; ensuite elle poursuivit son histoire.

J'apprêtai donc mon repas, et le soir, mon futur rentré avec le tabellion et deux amis pour témoins, nous nous

mîmes à souper fort gaiement en attendant la signature de notre contrat, qui
devait se faire au dessert.

Je me croyais bien près d'être heureuse, comme tu vois, ma nièce !.......
Mais quand on a une étoile de guignon
qui vous a une fois prise en grippe, on
a bien des couleuvres à avaler pour se
retirer de ce labyrinthe-là (1).

Je l'éprouvai bien vîte, et la chance
ne tarda pas à me tourner...... Malheureusement c'était doublement fête ce
jour-là ! D'abord, parce que c'était dimanche ; ensuite par rapport à nos accordailles. Mon accordé donc, fidèle à
son principe de s'enivrer ces grands
jours, et obéissant de même au double
motif qui l'excitait à boire, avait pris
aussi double dose de l'extraordinaire
qu'il se permettait pour une fête simple.
Mais sa tête, qui ne pouvait pas se dou-

____

(1) On voit que ma tante variait assez souvent
son style.

bler de même, ne put résister à cette double charge, et elle céda...... Bref, il se pansa si bien, qu'il ne fut plus possible de songer à la signature, et que le tabellion et les deux amis du boulanger se retirèrent à nuit close, en le laissant dormir sur la table, et me promettant de revenir le lendemain matin, pour terminer cette affaire en déjeûnant avec lui.

Par une rencontre singulière, son garçon se mariait aussi ce même jour-là, et avait été faire la noce chez les parens de sa nouvelle femme; de sorte qu'étant seule à la maison, je me déterminai à rester auprès de la table, à veiller le boulanger.

Je réfléchissais avec chagrin sur ce malheureux défaut qu'il avait de s'enivrer comme ça...... mais, en même temps, considérant que ça ne lui arrivait que les dimanches, et calculant qu'il n'y en avait qu'un par semaine, je trouvais que j'aurais encore bien moins à me plaindre que les femmes dont les maris recommencent tous les jours.

Après un petit somme il se réveilla un peu plus frais, et me voyant là, seule, il me demanda ses amis. Je lui dis qu'ils étaient partis quand ils l'avaient vu endormi , et qu'ils reviendraient le lendemain matin.

« Ah ! les lâches déserteurs, s'écria-
» t-il en voyant encore du vin dans les
» bouteilles..... lâcher ainsi le pied !....
» quitter le combat quand il y a encore
» des ennemis en présence !...... fi !
» c'est une poltronnerie indigne.... im-
» pardonnable !.... Mais je veux réparer
» leur honneur, ou pour mieux dire,
» leur faire honte, en faisant face moi
» tout seul.... Allez-vous-en aussi, vous,
» mam'selle ma prétendue. Ce qui n'a
» pas été fait aujourd'hui, se fera de—
» main. Je me rappelle encore...... car
» je ne perds jamais la tête, voyez-
» vous....... je me rappelle que nous
» n'avons pas signé le contrat. Mais il

» fera jour demain matin, et nous le
» signerons, et il fera nuit demain au
» soir, et nous le ratifierons...... je ne
» vous dis que ça. Allez-vous-en dormir,
» et laissez-moi combattre ».

Et en prenant une bouteille cachetée
de cire verte, « voilà un dragon que je
» vas désarçonner »; et une autre en
cire rouge, « et voilà un anglais que je
» vas faire prisonnier..... »

Je voulus lui remontrer qu'il se ferait
du mal et qu'il serait vaincu dans cette
bataille-là. « Silence, mam'selle, me
» dit-il; les femmes ne connaissent rien
» à la guerre....... Souvenez-vous seu-
» lement, quand vous allez être ma-
» dame, qu'en vous donnant mon bien,
» je ne vous donne pas la parole. J'ai
» fait insérer dans le contrat, que vous
» ne feriez toujours que répondre *oui*
» ou *non*, mais que vous ne parleriez
» jamais la première, ni de votre chef...
» Vous avez même une preuve de l'obli-
» gation d'être réservée et ménagère de

» vos paroles, dans la formule du sa-
» crement de mariage, à la question
» importante que le prêtre vous fait,
» *acceptez-vous*, etc. il ne vous est per-
» mis de répondre qu'un mot, un seul
» mot, *oui* ou *non*...... Jugez donc,
» d'après ça, s'il doit vous être libre de
» bavarder long-temps sur des sujets de
» bien moindre conséquence........ (1).
» Allez vous coucher, et le seul mot
» que vous ayez à me dire à présent,
» c'est *bonsoir* ».

« Bonsoir donc, monsieur » ! lui dis-
je..... et je sortis, pour ne pas le con-
trarier davantage....... Mais au lieu de
monter dans ma chambre, je passai
dans la boutique, pour pouvoir être à
ses ordres, s'il m'appelait.

Je ne sais s'il but encore long-temps,

---

(1) Ce boulanger-là avait un certain jargon, et
quelques connaissances acquises par des lectures :
ce qui ne doit pas étonner ; il était fils d'un
magister.

ni s'il vida toutes les bouteilles, pour faire prisonniers tous les ennemis, comme il venait de les qualifier, car je m'étais endormie profondément.....

Je ne sais pas non plus combien je dormis, mais je fus réveillée par une fumée horrible qui m'étouffait, et, en ouvrant les yeux, je vis toute la maison en feu par le haut.....

Effrayée, je courus à l'arrière-boutique, où nous avions soupé, et où j'avais laissé mon maître à table ; il n'y était pas, et comme de même il n'y avait plus de chandelier ni de lampe, je jugeai qu'il était remonté dans sa chambre avec. Je voulus y aller....... mais dans le même instant l'escalier de bois qui y conduisait, et qui était déjà tout embrasé, tomba avec fracas. La flamme alors sortant avec impétuosité, s'élança par le bas et m'enveloppait moi-même.......

Je n'eus que le temps de me jeter sur la porte de la boutique, de l'ouvrir et de me sauver dans la rue..... et la maison entière ne présenta plus qu'une masse de flammes.

Je courus, toute éperdue et hors de moi, chez le tabellion, qui ne demeurait pas loin de là, pour lui apprendre ce terrible malheur...... Tout le monde dormait. Mais à force de frapper et de crier, je réveillai tout le voisinage, et enfin le tabellion le dernier..... (car, et c'est étonnant, ces gens de loi, ou de justice, ont toujours, hors de ce qui les concerne eux-mêmes, l'oreille plus dure que tous les autres citoyens).

On vint avec moi chez le boulanger, mais-il n'y avait plus de ressource. Sa maison, qui était la première du village, était isolée. La flamme ayant percé par la porte et les fenêtres, l'avait entourée de tous les côtés : on ne pouvait plus même en approcher, et tous les morceaux de la charpente tombaient en cendres ou en charbons.

Dans ce désastre affreux et irrémé-

diable, chacun ne pouvant que gémir
sur le sort du malheureux boulanger, se
retira navré de douleur....... Alors, ne
sachant plus que devenir moi-même, je
me jetai par terre, fondant en larmes,
et m'accusant presque d'être la cause de
la déplorable fin de ce brave homme,
par l'étoile mal-faisante qui me poursuivait par-tout.

Enfin le tabellion chercha à me con-
soler, ou du moins à me faire prendre
encore ce mal en patience; et comme
je n'avais plus ni ressource, ni abri, il
m'engagea à aller passer le reste de la
nuit chez lui, me disant qu'il verrait le
lendemain s'il ne serait pas possible de
tirer encore de cette terrible aventure
quelque chose à mon avantage.

Je le suivis en le remerciant de l'intérêt qu'il paraissait prendre à moi. Il
m'assura qu'il en prenait effectivement
beaucoup. Qu'il le devait même, puisque j'étais presque la femme du pauvre
boulanger, qui avait été l'un de ses

meilleurs amis, et qu'il me le témoignerait de plus en plus par la suite.

C'était un personnage singulier que ce tabellion. Quoiqu'il sût apparemment écrire des contrats, il n'avait pas le talent de la parole. Sa langue bredouillait beaucoup et son esprit s'embrouillait encore davantage ; de sorte que souvent, ni lui ni les autres ne comprenaient ce qu'il voulait dire. Malgré cela il se croyait un génie, et prétendait même le persuader ; et tout au contraire du pauvre boulanger, il se croyait philosophe sans l'être.

Il me présenta à sa femme, qui attendait son retour avec impatience, pour savoir des nouvelles de ce feu que j'avais annoncé. Il lui apprit tranquillement, (car c'est encore une qualité de ces gens-là, de ne pas s'affecter beaucoup), que tout était fini ; que la maison était brûlée, et le boulanger, son ami, rôti avec....... « Et voilà, ajouta-t-il, cette » pauvre fille, qu'il devait épouser au-

» jourd'hui, qui perd tout par ce cruel
» accident, et qui se trouve à présent
» sans mari, sans maître, sans gages,
» sans nourriture, sans maison et sans
» lit!...... Ça n'est-il pas très-particu-
» lier, ça, madame!.... Voyez pourtant
» ce que c'est que..... la vicissitude de
» la prédestinée!...... car il y a un sort,
» au moins, ne vous y trompez pas, et
» chacun a le sien..... Voilà le boulan-
» ger, par exemple!..... Mais, moi-
» même qui vous parle là..... je remar-
» que souvent..... D'ailleurs, dans mon
» état, tout ces contrats que je fais
» tous les jours..... Oh! oui...... C'est
» pour en revenir à cette fille....... car
» en vérité ça me confond, moi!.......
» et tout ça prouve bien, ma femme....
» que ce n'est pas là une heure à laisser
» dans la rue une fille dont le lit vient
» d'être brûlé..... »

Avec cette belle éloquence-là il parvint à déterminer madame la tabellionne
à me permettre que je couchasse dans

un petit cabinet à côté, où était le lit d'une servante qu'elle avait renvoyée la veille. J'y entrai donc en la remerciant beaucoup, et je me jetai toute habillée sur ce lit, non pour dormir, mais pour pleurer.

CHAPITRE XXVIII.

*Ma tante redevient servante. Une nuit
chez le tabellion.*

LE lendemain, dès le matin, pour me
rendre utile, je demandai à madame
la permession de faire chez elle l'office
de la servante dont elle avait eu la bonté
de me donner le lit, jusqu'à ce qu'elle
en eût une autre.

Elle parut flattée de ma prévenance,
et me dit de lui faire son café, d'autant
plus que cette alarme de la nuit lui
ayant fait perdre une partie de son
sommeil, elle avait besoin de rester
couchée un peu plus tard, et elle se
rendormit.

J'apprêtai son déjeûner sans bruit, et
quand le café fut fait et bien reposé,
la voyant réveillée et en disposition de
se lever, je lui offris de le lui servir

dans son lit, parce qu'elle pourrait faire encore un petit somme après l'avoir pris, pour se remettre tout-à-fait. Elle trouva que j'avais raison, resta au lit, déjeûna, puis se rendormit de nouveau.

Pendant ce second ou troisième sommeil, le mari, qui était sorti de bonne heure pour aller encore s'informer des suites de l'incendie, revint et me dit que le malheur était entier et consommé; que le pauvre boulanger ne s'était pas sauvé, comme il avait voulu l'espérer; qu'on avait retrouvé dans les décombres de la maison, son corps tout grésillé et réduit à rien; que tous ses effets, papiers et provisions, etc. étaient brûlés, et que le double de mon contrat, qui était resté entre ses mains, à lui tabellion, n'étant point signé du boulanger, je n'avais rien à prétendre sur le bien que le défunt pouvait avoir ailleurs......

« Et c'est bien dommage, ajouta-t-il, » car il vous donnait tout à sa mort......

» Il a ma foi bien mal fait de se brûler
» comme ça, et pour vous que ça ruine,
» et pour lui, car c'est une vilaine fin !...
» Au surplus, comme il faut prendre
» son parti sur tout, je vous conseille
» de ne plus y penser.... et si vous vou-
» lez rester chez moi, en attendant que
» vous trouviez mieux, j'engagerai ma
» femme à vous garder. Voyez, décidez-
» vous..... ».

Je lui répondis que dans ma position,
sa bonne volonté pour moi était une
grande consolation à ma peine, et que
je ferais tout mon possible pour mériter
ses bontés, ainsi que celles de madame
son épouse.

« Eh bien ! reprit-il, c'est une affaire
» arrangée, et vous pouvez dire, comme
» si le notaire y avait passé. Vous avez
» fait le déjeûner de ma femme, met-
» tez-vous à présent à faire notre dîner....
» Vous ne vous attendiez pas à ça hier
» au soir, pas vrai ? à changer comme
» ça de cuisine !..... Mais, dame, voilà

» comme le monde tourne ; et si vous
» étiez philosophe, comme moi, tout ça
» ne vous étonnerait pas..... Mais, c'est
» égal, vous verrez, ma pauvre petite
» veuve, ajouta-t-il en me caressant le
» menton, que la destinée quelquefois...
» enfin, que sait-on, il ne faut jurer
» de rien....... Vous verrez que vous
» êtes chez des bonnes gens, toujours....
» Ma femme est un peu criarde, un
» peu dure, un peu brusque ; elle tape
» même quelquefois les filles...... mais
» vous êtes douce et complaisante , car
» j'ai su tout ça du boulanger , et vous
» ferez d'elle ce que vous voudrez......
» Quant à moi, oh ! c'est différent......
» je ne suis que trop bon, moi.... pour
» les filles, sur-tout...... jamais je ne
» fais le maître avec elles ; et je vous
» promets bien......... autrement dit,
» plutôt, je ne vous promets rien. Mais
» vous verrez, comme je vous dis.......
» laissez venir les choses, et faites tou-
» jours votre dîner. Je parlerai pour vous

» à ma femme, au dessert, entre la poire
» et le fromage ».

Le pressant besoin que j'avais d'une
ressource, telle qu'elle fût, me faisant
désirer cette nouvelle condition, quoiqu'elle ne me parût pas devoir être
trop avantageuse, et qu'il me dût être
dure de redevenir servante, de maîtresse que j'aurais été quelques heures
plus tard, je me mis de bonne grâce à
faire encore pour les autres une cuisine
que je n'avais plus compté faire que pour
moi.

La tabellionne ayant bien regagné ce
qu'elle avait perdu de sa nuit, et ne
s'étant levée juste que pour le dîner,
fut très-satisfaite de mes ragoûts, et dit
à son mari l'attention que j'avais eu
pour elle à son déjeûner, qu'elle avait
trouvé fort bon aussi.

Celui-ci profitant de la bonne disposition de madame en ma faveur, lui
proposa de suite de m'agréer en rem-
placement de la cuisinière congédiée.

Elle y consentit, et de veuve de boulanger, me voilà redescendue servante de tabellion....... Je devais donc encore espérer au moins de la tranquillité dans cette maison ; mais je n'étais pas au bout de mes épreuves.....

Deux ou trois jours se passèrent assez paisiblement, moi faisant tout ce que je pouvais pour contenter et prévenir les volontés de madame ; elle, paraissant assez satisfaite, et ne me grondant ou critiquant que parce que c'était son tempérament qui la portait à contredire, car elle avait sa manie, comme le boulanger avait eu la sienne. Lui ne voulait pas qu'on parlât, elle ne voulait pas qu'on crût jamais avoir bien fait...., et je ne sais pas trop qui des deux était plus difficile à contenter. Interdire à une femme le babil ou l'amour propre !...... Il serait mal-aisé de juger lequel des deux sacrifices est le plus pénible pour nous.

Pour le tabellion, il était toujours le

F.

même. Il me serrait et me baisait le bout des doigts, quand il pouvait m'attraper hors de la vue de sa femme, me faisait toujours des discours entortillés, me rabachait de sa prédestinée, qui me gardait quelque chose..... Il m'appelait sa petite maîtresse, et me répétait souvent que sa femme ne pouvant aller loin, parce qu'elle avait un asthme, il me regardait comme sa seconde, et me destinait sa survivance.....

Je lui laissais bredouiller tout cela sans conséquence, comme des plaisanteries d'un bonhomme babillard et jovial, et je ne l'écoutais seulement pas.

Enfin, un soir que madame, ayant beaucoup souffert de son asthme, avait pris une potion pour la réconforter et l'assoupir, et que moi-même, fatiguée des peines que j'avais eues auprès d'elle toute la journée et toute l'autre nuit, je m'étais couchée et endormie, comme une jeune fille qui a veillé trente-six heures...

je me sentis embrasser fortement dans mon lit.

Je crus d'abord rêver ; mais deux bras me serrant encore plus , un visage s'appuyant sur le mien , et une voix me disant : « Ne parle pas, ma chère Gene» viève »! je reconnus que j'étais bien éveillée , et que les bras , le visage , et sur-tout la voix bredouillante appartenaient à monsieur le tabellion , qui, profitant lâchement et criminellement de l'état de maladie de sa femme , s'était levé d'auprès d'elle pour venir à mon cabinet, dont la petite porte vitrée était sans serrure.......

« Voulez-vous bien vous en aller,
» monsieur! lui dis-je en me rencognant
» contre la cloison ; est-ce là la conduite
» d'un honnête homme ?........ Pensez
» donc que votre femme est malade !.....
» — C'est vrai, mais tu te portes bien,
» toi , et c'est justement pour ça que je
» viens te trouver de préférence...... ne
» t'inquiète pas , laisse-moi faire........

» — Ah ciel ! fi, monsieur ! c'est une
» atrocité ! allez-vous-en bien vîte, ou
» je m'en vas crier !..... Tais-toi, tais-
» toi donc, ma chère fille ! reprit-il en
» voulant m'embrasser encore, je te
» promets que je t'épouserai en secondes
» noces. Le boulanger l'a voulu et ne
» l'a pas pu, parce que ça ne devait pas
» être....... mais je ne serai pas si sot
» que lui, moi ; je ne me grise pas, je
» ne me grillerai pas, et je t'épouserai :
» foi de tabellion, voilà ce que je te
» disais que la destinée te gardait........
» et je vas même te donner tout de suite
» un à-compte sur ma promesse : laisse-
» m'en parafer le contrat » ; et me reprenant dans ses bras, il procédait vigou-
reusement à la signature......

Mais, indignée doublement de cette
infamie, et pour moi-même et pour la
mourante épouse qu'il trahissait ainsi,
je le repoussai avec horreur des pieds et
des mains, et si violemment, qu'en
tombant de dessus mon lit qui était élevé

sur une espèce de petite soupente, il se cassa un bras..... Certes, lui qui venait de me parler encore de la destinée, et de ce qu'elle me gardait, ne s'était guères douté qu'elle lui gardait ce coup-là.....

Je criais de colère, et lui de douleur... Aux secousses réitérées que nous avions d'abord données contre la cloison qui séparait mon cabinet de l'alcove de madame, elle s'était réveillée à moitié ; mais nos doubles cris la tirant tout-à-fait de son sommeil, et sa jalousie, ainsi que la connaissance qu'elle avait du vice de son mari, lui faisant deviner à peu près la cause de ce bruit, elle se leva, et vint au lieu de la scène avec une lampe qui brûlait dans sa chambre.

Elle me trouva hors de mon lit, en chemise, et retranchée entre le lit de sangle et la cloison, et le tabellion par terre, avec son bras cassé........ (c'était malheureusement le bras droit, et ça dut retarder bien des mariages dans l'endroit). Je lui expliquai l'aventure , en lui demandant pardon , et lui protestant qu'il n'y avait pas de ma faute.

« C'est bien fait ! dit-elle , au lieu de
» le plaindre ; il n'a que ce qu'il mérite,
» cet enragé-là ! Il n'a pas assez d'une
» honnête femme, il faut qu'il débauche
» encore toutes les filles !........ Il n'y a
» pas quatre jours que j'ai renvoyé la
» quinzième servante depuis un an. Il
» me fera passer en revue toutes les
» filles du village......... Mais ne t'in-
» quiète pas , va , mon bel ami, je les
» prendrai dorénavant si vieilles , que
» tu seras bien obligé de les laisser
» tranquilles. En attendant, je suis tou-
» jours bien aise de cette petite correc-
» tion-là dont tu avais besoin..... Y es-tu
» à présent, avec ta destinée ?..... Oh !
» elle est juste, celle-là, et elle te devait
» bien ça !......

» Pour vous, ma belle enfant, d'ac-
» cord ou non avec lui, je ne veux plus

» de vous chez moi : vous portez malheur
» à toutes les maisons. Habillez-vous
» bien vîte, et décampez. Comme je
» suis charitable, voilà un écu que je
» vous donne, pour vivre jusqu'à ce que
» vous trouviez une place ; et tant pis
» encore pour ceux chez qui vous en-
» trerez, car vous avez une vilaine des-
» tinée aussi, vous !...... et bien dange-
» reuse ! Vous en avez brûlé un, vous
» avez cassé le bras à un autre !...... eh
» mon dieu ! vous noyerez le premier
» chez qui vous allez tomber.... Quoique
» ça, je vous donne st' écu-là, parce
» que vous avez été sage, entendez-
» vous...... car, si vous aviez écouté ce
» vieux libertin-là, je vous aurais tordu
» le cou..... Allons, partez, vous ache-
» verez votre toilette dans la rue ; si vous
» restiez ici plus long-temps, j'aurais
» peur que la maison ne me tombe sur
» la tête, ou qu'elle n'effondre sous mes
» pieds ».

Et, sans me donner le temps de lui

répondre une parole, elle me mit dehors, mes hardes sous mon bras, avec ces beaux complimens d'adieu !.....

Me voilà donc encore à la grâce du ciel, et rebutée des humains.

CHAPITRE XXIX.

Suite de l'histoire de ma tante. Elle retrouve son directeur de comédie.

Je ne pus m'empêcher de faire là une observation douloureuse, en interrompant ma tante, pour lui faire remarquer avec moi cette fatalité qui aggravait toujours ses catastrophes, en les lui faisant arriver la nuit...... En effet, depuis le commencement de son histoire, c'était la troisième fois qu'elle se trouvait ainsi obligée de courir les champs à pareille heure......... en descendant en chemise par la fenêtre de son faux cousin, en se sauvant du feu du boulanger, et à présent chassée par la femme du tabellion.

« Eh ! ma chère nièce, me dit-elle, » tous les momens sont dangereux pour » la vertu des filles. Les libertins les » poursuivent à toute heure ; et il en est

» encore plus qui ont succombé le jour,
» qu'il n'en est qui se soient sauvées la
» nuit !....... Mais continuons pendant
» que nous y sommes ».

Je marchai à tout hasard pour m'é-
loigner promptement de ce village, qui
ne me laissait que des souvenirs si
tristes !....... Celui de ce boulanger esti-
mable, malgré ses ridicules et le malheureux défaut d'ivrognerie dont il avait été
la victime , mais à qui je ne pouvais
penser sans reconnaissance, pour le bien
qu'il avait voulu me faire......... et celui
du vieux tabellion, que j'avais estropié
sans le vouloir........ Hélas ! ça me rappelle ce révérend prieur des Carmes, que
j'ai enlevé depuis si innocemment !......
Ah ! si la femme du tabellion avait pu
deviner celui-là, par exemple ! que de
malédictions elle m'aurait données encore de plus ! Cela prouve , ma nièce ,
que les décrets de la providence sont
impénétrables.

Arrivée sur le grand chemin, je m'assis au pied d'un arbre pour laisser calmer un peu le trouble de mes idées, et attendre le jour pour me décider ensuite au parti que je devrais prendre.

Avec l'écu que la tabellionne m'avait donné, je ne pouvais pas aller loin, et je n'avais plus de hardes à pouvoir vendre ; car je n'étais couverte que d'un méchant juste de serge brune, comme une paysanne, que j'avais au moment de l'incendie du boulanger........ Je ne sais si un pressentiment secret me rappelait la mémoire du directeur de comédie, qui m'avait fait sortir de mon village ; mais, depuis près d'une heure, je cherchais et je calculais les moyens de lui donner de mes nouvelles, et de lui demander des secours....... Puis je rejetais cette idée par la honte que je ressentais de ma mauvaise conduite envers lui.

Une réflexion de frayeur vint me saisir. Je pensai que je n'étais pas en sureté, si proche encore de ce bourg que je fuyais ; que d'une part, les héritiers du boulanger, qui ne savaient pas qu'il voulait m'épouser, m'accuseraient peut-être d'avoir mis le feu moi-même chez lui, et de m'être sauvée après l'avoir volé ; que de l'autre, le tabellion, piqué contre moi pour son bras cassé, au lieu de produire à ma décharge le double du contrat qu'il avait fait, se liguerait avec eux pour m'opprimer et me faire poursuivre criminellement, et m'attaquerait lui-même, en donnant une autre tournure à la malheureuse affaire que j'avais eue avec lui.

Pour me soustraire à ce double danger, je me décidai à repartir bien vîte, et, me relevant à l'instant, je me mis à arpenter le plus rapidement que je pus le long du chemin, sans m'embarrasser de quel côté j'allais.

A peine eus-je formé cette résolution, que j'entendis le bruit d'une voiture qui venait derrière moi. On n'y voyait pas encore assez clair pour distinguer les objets. Je me dis que cette voiture, n'importe où elle allât, pouvait servir à mon projet, en m'éloignant encore plus promptement que mes jambes ne le pourraient faire...... Je me rangeai sur le chemin, je me laissai dépasser par elle, et voyant que c'était une diligence qui portait des paniers derrière, je me cramponnai après, et petit-à-petit, je fis si bien, d'autant qu'il y avait justement là une butte à monter, et que cela ralentit sa marche, que je réussis à me jucher sur le premier de ces paniers, où, à force de remuer et de m'agencer, étant parvenue à me mettre un peu à mon aise, je m'endormis.

Par un hasard bien singulier encore, je rêvai que je jouais la comédie. Je croyais me retrouver à la ville où j'avais débuté par *Fanchonnette*. Les sifflets, les applaudissemens, tout se reproduisit successivement dans ce tableau..... Bref, ce rêve me retraça l'histoire de tout ce qui m'était arrivé pendant tout le temps

G.

que j'avais paru sur les planches théâ-
trales, et j'en étais au moment où mon
directeur m'emmenait pour souper, après
notre dernière représentation, où j'avais
été très-applaudie....... lorsque la diligence, après avoir tourné dans une
grande cour de l'auberge de la poste,
où elle arrêtait pour déjeûner et changer les chevaux..... car il était déjà huit
heures du matin, fit un cahot très-
violent, dont la secousse me fit dégrin-
goler de dessus mon panier.

Un des voyageurs, qui était déjà des-
cendu pour entrer à l'auberge, passait
au moment de ma chute. Etonné et
inquiet de voir une femme tomber de
là, il s'empressa d'accourir à mon aide
et de me relever......... Mais juge, ma
nièce, de ma surprise à moi-même !....
ce voyageur, c'était Saint-Franc, ce
directeur à qui je venais de rêver depuis le matin, et pendant tout mon
sommeil.

Je le reconnus d'abord à la voix, avant

d'avoir pu nous envisager l'un et l'autre;
et son étonnement ne fut pas moindre,
lorsque m'ayant regardée, il retrouva
Fanchonnette sous cet habillement de
paysanne; il croyait se tromper, il me
fixait avec des yeux incertains, comme
voulant dire : « ce ne peut pas être elle »,
et il ne savait s'il devait me parler.....
De mon côté, l'embarras que sa vue me
causait à l'instant où je l'attendais si
peu, me donnait un air qui vraiment
nous faisait ressembler à deux acteurs
qui auraient oublié leurs rôles, ou qui
auraient joué une scène de stupéfaction.

Je rompis le silence la première.......
« C'est moi-même, mon cher monsieur,
» lui dis-je, et vos yeux, quoique vous
» paraissiez douter de leur rapport, ne
» vous trompent pas. C'est votre Fan-
» chonnette.....

» Ma Fanchonnette ! s'écria-t-il en
» m'embrassant, ah ! je suis enchanté
» de vous revoir....... Mais venez dans
» une chambre, nous déjeûnerons, et

» nous y serons plus à même de pouvoir
» causer..... A votre équipage, je juge
» que vous devez avoir bien des choses
» à m'apprendre, et que votre histoire
» est encore augmentée de quelques
» chapitres ».

J'étais si confuse, que je n'avais pas
la force de marcher. Il me prit le bras
très-amicalement, et me fit entrer dans
une salle où l'on nous servit à déjeûner.
Je lui racontai tout ce qui m'était arrivé
depuis l'indigne tromperie que m'avait
faite ce Belle-Rose, son chanteur d'opéra, jusqu'au moment où il me re-
trouvait.

Il me dit que par des indices qu'il
avait eus depuis, il s'était douté que
j'avais été la dupe de ce mauvais sujet;
qu'il m'avait plaint, mais qu'il ne m'en
avait jamais voulu, attribuant tout à la
légèreté et à l'inexpérience de mon
âge........ et pour preuve il m'offrait de
me reprendre avec lui.

Il m'apprit qu'il avait changé de ville;

qu'il allait rejoindre sa troupe dans un nouvel endroit, dont il avait eu le privilége; que sa femme était morte, et, bref, me dit qu'il avait toujours eu de l'affection pour moi, dès le premier moment qu'il m'avait vue au château de mon village..... qu'il m'aimait déjà du vivant de sa femme, mais que l'honnêteté avait retenu ses sentimens, et qu'à présent qu'il était veuf et libre, il m'offrait de m'épouser......

« Allons ! encore un épouseur ! me » dis-je en moi-même, avec un petit » mouvement de vanité, une bien jolie » fille n'en trouverait pas tant !..... Si » mon étoile est malheureuse, il faut » convenir du moins qu'elle est bien » conjugale !.... ».

Je lui répondis avec sensibilité, que j'étais touchée et reconnaissante de sa bonne intention, mais que je n'oserais l'accepter...... La prédiction funeste de la femme du tabellion, qui m'avait dit que je noyerais le premier qui me voudrait du bien, me revenant à l'esprit, je remontrai à cet honnête homme que la fin tragique du boulanger, mon premier prétendu, même le bras cassé du second, le tabellion qui m'offrait la survivance de sa femme, devaient le faire réfléchir sur le danger qu'il y avait à s'attacher à moi...... mais il n'en voulut pas démordre.

Il me dit que les punitions étaient pour les coupables, et qu'il n'en avait pas à redouter ; qu'il n'était point ivrogne, comme le boulanger, ni mari perfide, comme le tabellion, et qu'il mettrait tout son devoir et son plaisir à me rendre heureuse...... Et de suite, sans attendre ma réponse, il m'écrivit et me signa, au lieu d'un engagement de comédie, une promesse de m'épouser sitôt notre arrivée, et avant mes débuts à la ville où il allait..... Il pria ensuite le conducteur de la diligence, qu'il invita à boire un coup avec nous, de lui faire descendre une malle qu'il avait dans le panier. Il en tira une blouse de soie, dont les femmes s'enveloppent le matin, et qui avait servi à son épouse, et m'en revêtit. Il me garnit la tête avec un beau mouchoir des Indes, surmonté d'une calèche qu'il acheta à la maîtresse de l'auberge; et quand la voiture partit, il m'y fit entrer avec lui, en payant une des places qui restaient vides.

Voilà donc encore un changement d'état auquel je ne m'attendais pas plus qu'aux autres, et ma main engagée une seconde fois.....

Nous arrivâmes le soir même à la ville où était sa troupe. Il fut exact à sa promesse. Il fit avec diligence toutes les démarches nécessaires; notre mariage fut célébré avant qu'il me parlât de reparaître sur le théâtre, et je fus reconnue et saluée par tous les acteurs comme madame la directrice..... mais c'était une nouvelle épreuve pour moi, et un chagrin de plus que le sort me préparait.

Nous fûmes assez suivis dans les commencemens de nos représentations ;
mais nous essuyâmes bientôt des mal-
heurs. Des sujets quittèrent notre troupe,
et arrêtèrent notre répertoire ; d'autres,
que mon mari avait engagés de loin, ne
rejoignirent pas et gardèrent nos avan-
ces. De grandes pantomimes qu'il voulut monter, ne nous rapportèrent pas le
quart de nos frais...... Obligés de changer de ville, les voyages nous abymè-
rent ; bref, des créanciers, fournisseurs
et autres nous firent saisir ; les procès
achevèrent de nous ruiner ; et comme
mon mari était honnête homme, il se
trouva dépouillé de son magasin, privé
de son privilége, et fut enfin obligé de
faire banqueroute..... mais les mains tout
à fait vides.

Le double et fatal présage du voleur
Belle-Rose et de la femme du tabellion
fut ainsi vérifié et accompli dans sa personne.

Le chagrin s'empara de lui, la ma-

ladie s'ensuivit. Toutes nos ressources
étaiīt fondues et dissipées, notre hôte
même nous poursuivant pour notre
loyer, le pauvre directeur, ruiné, fut
réduit à aller à l'hôpital, pour se faire
soigner. Je l'y suivis, en obtenant,
comme par grâce, d'y faire le service
des sœurs de charité, seul moyen d'exis-
tence qui me restât, puisque notre hôte,
impitoyable, nous avait mis à la porte,
après avoir fait vendre le restant de nos
effets pour acquitter une partie de sa
créance ; car les frais de justice en
avaient mangé plus qu'on ne lui en
laissa.

Comme la maladie de mon mari était
inflammatoire, par tous les chagrins qui
avaient recuit la bile, on lui ordonnait
force lavemens : c'était moi seule qui le
soignait (car, même dans ces maisons
dites de *charité*, les pauvres gens, dont
on n'a rien à espérer, sont bien négli-
gés) ; je lui donnais tous les remèdes....
et c'est là, ma nièce, que j'ai fait

mon premier apprentissage dans le talent du clystère.......

Enfin, après beaucoup de souffrances
et d'angoisses, et malgré tous mes soins,
le pauvre cher homme mourut dans mes
bras, me laissant très-affligée, sans
ressources, et par conséquent plus à
plaindre que lui.

CHAPITRE XXX.

Ma tante devient gouvernante d'un curé.
Comme quoi je suis sa nièce.

JE n'avais donc rien de mieux à faire que de rester dans cet hôpital, et d'y continuer mes fonctions auprès des autres malades. Je le demandai, et on me l'accorda. Je vécus ainsi pendant quelque temps. Un jour, un bon prêtre qui venait administrer les sacremens aux moribonds, et qui m'avait vue plusieurs fois dans cet hôpital, fut nommé à une petite cure de campagne. Il avait besoin d'une gouvernante, il me proposa de l'être. J'acceptai, je partis avec lui, et j'y restai pendant près d'un an, durant lequel il fut infiniment satisfait de mes services.

Je croyais enfin être arrrivée là au port du salut, et que j'y finirais mes

jours en paix avec ce saint ecclésiasti-
que..... mais comme j'étais encore fort
jeune, plusieurs garçons du village cher-
chaient à me faire la cour. Je n'en écoutais aucun, étant bien décidée, par les
traverses que j'avais essuyées, à ne plus
penser au mariage ni à la bagatelle.....

Par rancune, ces mauvais amoureux-
là supposèrent que j'avais un commerce
criminel avec le curé...... d'autant plus
que mon âge était, de sa part, une con-
travention aux règles épiscopales, qui
enjoignent aux curés de n'avoir que de
vieilles servantes..... Hélas ! le pauvre
cher homme n'y avait pas encore réfléchi...... Ces méchantes langues di-
saient que sans cela je n'aurais pas refusé les bons partis qui s'étaient pré-
sentés pour moi.... comme si une femme
prudente ne pouvait pas rebuter des
jeunes fous, dont elle se méfie, pour
vivre honnêtement chez un homme mûr
et respectable , en qui elle avait confiance !....

Ces bruits étant parvenus jusqu'au bon curé, dont la conscience était très-timorée, il rougit d'avoir donné, sans y penser, un pareil scandale, et me dit un matin, que quoiqu'il fût extrêmement content de moi, il ne pouvait me garder auprès de lui à cause de ma jeunesse..... Que de même, quoiqu'il pût et dût me donner tous les certificats possibles pour ma bonne conduite et probité, etc. il me priait cependant de ne pas les exiger, et même de ne pas le citer comme l'ayant servi, parce que cela pourrait lui faire du tort auprès de l'évêque....... mais que si j'avais besoin de lui, je le retrouverais dans tous les temps..... Je fis donc mon paquet, et je le quittai pour m'en venir à Paris, d'où j'ai toujours depuis entretenu correspondance avec lui. C'est le même qui vient de m'écrire pour aller reprendre la place de la défunte gouvernante, fonction que mon âge me met à même de pouvoir remplir aujourd'hui, sans scandale comme autrefois..... et c'est aussi pour cela que je t'ai fait habiller en garçon, pour pouvoir te garder auprès de moi et t'employer chez lui.

Or, à présent, il faut que je t'apprenne comme quoi tu es ma nièce.

Sortant de chez ce bon curé, je m'en vins à Paris, où, vu mes premiers exercices dans les hôpitaux, ce qui équivaut à une maîtrise, je me fis garde-malade. Je perçai beaucoup dans l'état de la seringue. Je me fis quantité de pratiques, et je vivais assez bien de mes lavemens.

Un jour je fus appelée par une privilégiée qui recevait chez elle des femmes en couches. Je m'y transportai, et j'opérai sur une fort jolie petite dame, que je ne reconnus pas à la première vue, car notre posture réciproque n'était pas dans le cas de nous rappeler des souvenirs. Mais, au défaut des yeux, les oreilles nous remirent toutes deux sur a voie. Elle parla, moi aussi...... Voilà

un son de parole qui ne m'est pas nouveau, dîmes-nous, chacune de notre
côté.... puis, elle s'étant retournée dans
son lit, et nos deux visages se ren-
contrant, je la reconnus pour une de
mes camarades de théâtre, une sœur de
défunt mon mari le directeur.

Elle me raconta qu'après la chute de
son frère, elle avait suivi un jeune né-
gociant hollandais qui lui avait proposé
de quitter le théâtre pour l'épouser.
Qu'elle y avait consenti, et était venue
avec lui à Paris, où ils avaient vécu ensemble près d'un an. Qu'enfin il était
parti depuis un mois, pour des affaires
pressantes qui l'appelaient dans son
pays, et la laissant enceinte chez cette
femme, où il l'avait conduite pour faire
ses couches, et qu'il lui avait donné
vingt-cinq louis pour ses besoins, en
attendant son retour, qui devait, disait-
elle, être d'un jour à l'autre...... Enchantée de m'avoir retrouvée, elle me
pria de lui chercher une nourrice pour

une fille à qui elle venait de donner le jour, et c'était toi.

Je m'acquittai de la commission avec joie et zèle, et je te trouvai une bonne laitière, car, dieu merci, tu es venue à bien.

Quelques jours après, en revenant la voir, je la trouvai fondant en larmes, et le désespoir dans le cœur. Elle me fit lire une lettre qu'elle venait de recevoir, par laquelle le hollandais qu'elle croyait son mari, lui marquait « qu'il n'avait pu » résister aux sollicitations et aux ordres » de sa famille, qui l'avait contraint à » faire un mariage dans son pays. Qu'il » croyait s'être bien conduit pendant » qu'il avait vécu avec elle ; qu'outre ce » qu'il lui avait laissé en partant, il lui » envoyait encore vingt-cinq louis pour » dernier souvenir de lui, mais qu'elle » ne devait plus penser à le revoir, puis- » qu'il était marié, et incapable de tra- » hir sa légitime épouse.... ».

Ma pauvre belle-sœur, furieuse contre

lui, de la trahison qu'il lui faisait à elle, qui, d'après ses promesses, s'était toujours regardée comme sa femme véritable et légitime, avait pris déjà un parti violent, dont toutes mes remontrances ne purent la dissuader.

Elle me dit qu'elle me confiait le soin de sa fille jusqu'à nouvel ordre, et me remit en même temps dix des louis qu'elle avait reçus.... qu'avec les quinze autres elle allait partir pour Amsterdam, où était son suborneur ou infidèle époux; qu'elle lui dirait qu'elle le dégageait de ce titre, puisqu'il n'en était pas digne; mais qu'elle exigeait de lui, puisqu'il était riche et père, qu'il assurât, comme il le devait, une subsistance à son enfant, ou qu'à son refus elle lui brûlerait la cervelle avec un pistolet qu'elle s'était déjà procuré pour cette belle opération.

Sa garde et moi nous eûmes beau lui faire des représentations, nous ne pûmes rien gagner sur son esprit trop bouillant. Elle partit, et peu de temps après nous eûmes la nouvelle qu'elle s'était noyée avec tout l'équipage de son bateau, au passage du *Mardyk*.

C'est sa tendresse pour toi, ma nièce, et l'envie de te procurer un sort plus heureux, qui lui a coûté la vie. En la pleurant, j'ai juré de remplacer auprès de toi cette malheureuse mère. Je l'ai fait jusqu'à présent, autant que mes faibles moyens l'ont pu permettre. J'ai même écrit plusieurs lettres en Hollande, à ton père, dont ma belle-sœur m'avait dit le nom ; je n'en ai jamais eu de réponse, et il a vraisemblablement, comme un cœur dénaturé qu'il est, oublié la mère et la fille......... Mais il te reste une tante, Suzon, et, tant que le bon Dieu lui conservera des jours, elle ne te manquera jamais......... Elle finit là son récit.

Je me jetai dans les bras de cette digne femme, et, sans pouvoir proférer une parole, je la mouillai de mes larmes, qui se confondirent avec les siennes....

Nos tendres embrassemens furent in-rompus par les voix rauques des mariniers qui nous criaient : « A terre, à » terre, ceux qui sont pour Valvin » ! et qui venaient nous demander pour saint Nicolas, dont la bienheureuse assistance ne nous avait laissé engraver qu'une fois, et nous avait fait passer une nuit de plus sur l'eau.

CHAPITRE XXXI.

Accident en sortant du coche. Ma tante me laisse dans une auberge.

C'ÉTAIT là que nous devions quitter le coche, pour continuer notre route à pied jusque chez le curé, au-dessus de Fontainebleau. Nous en sortîmes donc fort contentes toutes deux de ce que, pendant ce petit voyage, mon sexe n'avait pas été soupçonné, malgré la quantité de monde qui nous entourait, et ma tante en augurait déjà le mieux du monde pour le succès de mon travestissement aux yeux du bon curé, chez qui nous allions.

Avant de nous mettre en marche pour faire les quatre à cinq lieues que nous avions encore, ma tante voulut prendre un petit repas à une auberge qui était à

quelques pas de là sur la route, et nous
y entrâmes.

A peine assises toutes deux, je m'a-
perçus que, par un reste de l'étourdis-
sement des aventures de ma tante, et
sur-tout par la profonde impression de
sensibilité que nous avait causée la mort
funeste de ma mère, j'avais oublié de
prendre notre petit paquet en sortant
du coche. J'y courus bien vîte pour le
chercher; mais, en marchant sans précaution le long du rebord du coche, mon
pied s'accrocha dans un cordage, et je
tombai dans la rivière.

Des mariniers, qui heureusement me
virent barbotter, s'empressèrent à me
secourir, et me repêchèrent de dedans
un des petits bateaux qui étaient à la
suite, et sous lequel j'allais passer.......
mais j'avais déjà avalé beaucoup d'eau,
et j'avais perdu connaissance.

Ces hommes charitables, mais gros-
siers et sans scrupule, voyant mes vêtemens tout trempés, imaginèrent d'abord

qu'il était tout naturel de me les ôter pour les faire sécher, et m'essuyer le corps après. Ils me dépouillèrent donc sur-le-champ, et leur surprise ne fut pas petite en voyant une fille où ils avaient cru trouver un garçon.......

Mais voici une augmentation d'étonnement. Ma tante, inquiète de ne me pas voir revenir, était sortie de l'auberge, et rentrait dans le coche à ce même instant, et me vit ainsi toute nue au milieu de cinq à six mariniers et d'une douzaine de personnes. Elle se mit dans une colère affreuse, et voulait dévisager tous les regardans ; mais me voyant sans mouvement et sans connaissance, et ayant appris mon accident, et l'innocence des mariniers, qui n'avaient agi qu'à bonne intention, elle s'appaisa un peu, et, au lieu de jurer après eux, elle se mit à pleurer sur moi, et, m'enveloppant de son mieux avec ce qu'elle avait dans son paquet qu'elle reprit, elle pria un des mariniers de me porter dans l'auberge, pour m'y faire donner des secours.

La maîtresse, qui était une bonne femme, prit beaucoup d'intérêt à moi, fit allumer un grand feu dans une chambre, où elle aida à ma tante à me faire revenir à force de cordiaux et de spiritueux, et m'ayant bassiné un bon lit, elle voulut m'y faire coucher, disant que je resterais chez elle jusqu'à ce que je fusse entièrement rétablie, et sans qu'il en coûtât rien ni pour ma tante, ni pour moi : même, ajouta-t-elle, si la pauvre fille veut, elle pourra demeurer plus long-temps chez moi. Où alliez-vous, comme ça avec elle ?

Ma tante lui avoua ingénuement qu'elle allait chez le curé d'Avon pour le servir, et qu'elle m'avait fait prendre ces habits-là pour pouvoir m'y présenter comme son neveu. « Eh bien, reprit l'auber-
» giste, vous n'avez pas besoin de la
» mener jusque - là pour être plus sure
» de lui trouver une condition ; laissez-

» la moi ici. Je n'ai plus de servante;
» voilà la saison des coches et du pas-
» sage des voyageurs, qui va m'amener
» du monde, et je la garderai. Outre
» ses petits gages, elle aura encore ici
» d'assez bons profits, et je la ferai tou-
» jours habiller, pour commencer; ça
» vaudra mieux pour elle, que de courir
» comme ça le guilledoux, en garçon ».

Ma tante, trouvant cette proposition raisonnable et avantageuse, y consentit. Elle resta encore toute la journée et la nuit avec moi, et le lendemain, me voyant parfaitement bien remise, et que je lui parlais de partir avec elle, elle m'apprit le nouvel arrangement fait avec la maîtresse de l'auberge, et m'engagea à y rester, m'assurant qu'elle revien-drait me voir sous huit jours, et que si je ne me trouvais pas contente de cette maison, elle m'emmènerait.

J'acquiesçai à ses désirs; nous nous embrassâmes, elle partit, et je demeurai dans l'auberge, après avoir été revêtue devant elle d'un déshabillé fort propre, appartenant à l'hôtesse, et dont cette brave femme, qui était de même taille que moi, déclara qu'elle me faisait présent.

J'entrai, dès ce même moment, en exercice ; ma maîtresse m'indiqua tout ce que j'aurais à faire, et, comme je n'étais ni paresseuse, ni mal-propre, elle fut bientôt très-satisfaite de mon service, comme je l'étais de ses bonnes façons pour moi.

Elle avait un mari qui faisait le commerce du vin, et, comme il était presque toujours en route sur la rivière, dans les coches, ou sur les ports, je ne le voyais guères à la maison, que pour les heures des repas, encore rarement pour le dîner. Comme il laissait à sa femme tout le détail de l'auberge, sans presque me regarder, il trouva fort bien qu'elle m'eût prise chez elle, et ne m'avait pas dit encore quatre paroles pendant les huit premiers jours......

Il y avait déjà près d'un mois que
j'étais ainsi dans cette condition, où je
me plaisais beaucoup. Ma tante m'était
venu voir, et m'avait appris que son
curé l'avait aussi fort bien reçue ; de
sorte que nous étions toutes deux fort
contentes de notre sort , et par la bonté
de nos maîtres, et par la proximité de
nos demeures , qui nous donnait la
facilité de nous voir. Mais il était dit
qu'il ne pouvait y avoir de bonheur
durable pour nous.

Le mari de ma maîtresse s'absentait
quelquefois pour un jour ou deux,
suivant les petits voyages qu'il était
obligé de faire ; mais jamais il ne dé-
couchait sans prévenir sa femme ; et
ces jours-là, celle-ci me faisait partager
son lit pour lui tenir compagnie.

Or un jour que le mari était allé
à trois lieues , pour chercher une
somme d'argent qu'on lui devait, et
qu'il avait dit, en partant, qu'il serait
revenu de bonne heure pour souper,

nous l'attendîmes jusqu'au soir sans le voir rentrer. Ma maîtresse commença à prendre de l'inquiétude. La nuit était déjà venue, et le mari ne paraissait pas. Onze heures....... minuit sonnent....... point de nouvelles. La pauvre femme s'alarme, se figure des catastrophes tragiques....... des voleurs, des assassins !....... Enfin, n'espérant plus qu'il arrivât alors, elle se détermina à se coucher pour le reste de la nuit, et de partir le lendemain de grand matin, pour aller elle-même s'informer de lui à l'endroit où il avait été pour recevoir de l'argent.

Je voulus veiller sur une chaise encore deux heures, mais à la fin elle m'obligea à me coucher avec elle, en me disant qu'il était impossible qu'il fût par les chemins à pareille heure, et que certainement il lui était arrivé malheur, ou qu'il ne reviendrait que le lendemain.

Je lui obéis donc, et me mis au lit auprès d'elle. Elle ne fit que rêver douloureusement, s'agiter et gémir..... et dès le plus petit point du jour, elle s'habilla et partit sans vouloir me laisser aller avec elle, comme je le lui demandais; mais elle m'ordonna de rester au lit, fatiguée que je devais être, et ne voulant pas laisser sa maison seule, et me recommanda sur-tout de n'ouvrir à personne......

Comme je me levais tous les jours de très-grand matin, et que je n'avais pas fermé l'œil de toute cette nuit, je profitai de l'occasion et de son ordonnance pour me dédommager.... Le lit d'ailleurs étant beaucoup plus douillet que le mien, je m'étendis à mon aise et m'endormis profondément.

Voilà une réflexion à faire ici. C'est que le plus riche ne jouit pas toujours de son bien, et ne passe pas les momens les plus agréables.........

Le maître aubergiste est hors de son bon lit, peut-être assassiné; la maîtresse, sa femme, s'en arrache en gémissant pour courir après lui..... et la servante, bien tranquille, s'étend et dort paisiblement sur leurs matelas.... Ainsi l'on voit souvent des valets consommer les provisions de grands seigneurs et de richards, et s'enivrer à leurs tables, tandis que les propriétaires se font échiner aux armées, ou qu'ils sont détenus dans des prisons....... Mais la morale n'est pas de mon ressort : revenons à mon histoire.

Voilà donc la pauvre aubergiste qui trime par les chemins, bien inquiète après son homme ! Mais au lieu de se rapprocher de lui, elle s'en éloigne, et voilà encore une preuve de l'inutilité et de la mal-adresse de nos prévoyances..... Car enfin, c'est elle qui a voulu s'en aller ! c'est elle qui a voulu me faire coucher dans son lit, quand je voulais veiller sur une chaise ! c'est elle qui m'a encore forcée à y rester après son départ !..... Eh bien, toutes ces précautions-là de sa part devaient et ont pensé tourner contre elle et contre moi.

Son mari était revenu la veille, mais il s'était attardé malgré lui avec des amis chez qui il avait soupé plus que raisonnablement. Ces braves gens, mais indiscrets, ne voulant pas le laisser sortir de chez eux pendant la nuit, et hors d'état de se conduire, ni le ramener devant sa femme dans le degré d'ivresse où ils l'avaient mis, l'avaient laissé sommeiller quelques heures, pendant qu'eux, plus fermes à leur poste, ribottaient toujours....... et après l'avoir encore fait trinquer à son réveil, sous le prétexte de ce que les bons ivrognes appellent *reprendre le poil de la bête*..... ils lui avaient enfin donné la liberté de revenir chez lui, quand ils avaient commencé à voir le jour, et l'avaient ramené jusqu'à sa porte, où ils l'avaient enfin quitté.

Comme il avait des doubles clefs, il ouvrit sans difficulté. Son premier soin fut de venir à son lit et de se coucher bien doucement, pour ne pas réveiller sa femme, dont il craignait une semonce......

Peu après, en se remuant et s'alongeant à côté de moi, qui tenais la place de cette épouse mal avisée, qui le cherchait alors où il n'était pas..... il me toucha...... On sait que le vin donne quelquefois des fantaisies..... En me touchant, il se trouva sans doute étonné de quelques différences qu'il crut remarquer dans les formes...... car sa femme était déjà d'un certain âge ; il voulut continuer son examen de vérification, et en palpant toujours pour vérifier, il me réveilla..... Moi, pensant bonnement que c'était ma maîtresse qui s'était ravisée et était revenue, je lui dis : « Eh quoi, madame, vous voilà » déjà de retour ?

» Oh, oh! dit-il à son tour, me re- » connaissant à la voix, ma main ne » me trompait pas, et je sentais que

» ma femme avait fièrement rajeuni !
» Mais, ventrebleu, l'occasion est trop
» belle, et je ne la manquerai pas ».
Alors il se mit à m'embrasser. « Oh !
» mon cher monsieur, lui dis-je, éveil-
» lée tout-à-fait et par ses gestes, et par
» l'effroi que me causait sa voix, que
» je reconnaissais aussi, pardon, c'est
» madame qui m'a forcée à coucher
» dans son lit ; mais, de grâce, laissez
» m'en sortir. Non pas, morbleu ! re-
» prit-il, en me serrant le plus fort et le
» plus conjugalement possible, puisque
» ma femme vous a fait tenir sa place
» dans son lit, il est juste aussi que vous
» y jouiez son rôle ». Et poussant toujours sa pointe, comme on dit, il cherchait à en venir à son but.

J'avais beau le prier, le conjurer,
crier, même : « Je ne connais et je n'en-
» tends rien, disait-il, en agissant tou-
» jours, je suis dans mon lit, dans ma
» possession, et j'ai le droit de pro-
» priété et d'exploitation sur tout ce qui

» s'y trouve..... et vous y passerez , qui
» que vous soyez , sauf à expliquer après
» qui de nous deux sera en contra-
» vention ».

Effectivement, toute nue dans ses bras,
et sans défense, je ne sais trop ce qui
en serait résulté, lorsque la porte s'ouvrant toute grande, et de suite les ri-
deaux du lit, je vis ma tante avec la
maîtresse, qui s'étant rencontrées à la
porte de l'auberge, accouraient à mes
cris.

Toutes deux se précipitèrent à-la-fois
sur le lit. Ma tante m'enleva, et l'aubergiste empoigna son mari, qui ne
voulait plus la reconnaître..... Il s'élan-
çait toujours sur moi comme un furieux,
malgré les empêchemens de mes deux
gardiennes, qui avaient peine à s'oppo-
ser à ses efforts, et de l'épouse sur-tout,
qui présentait son corps entre nous deux
pour couvrir le mien, en s'écriant :
« Ah ! le forcené...... depuis qu'il m'a

» épousée , je ne l'ai jamais vu comme
» ça » !.......

Enfin, voyant qu'on ne pouvait pas lui faire entendre raison, pour dernière ressource elle prit à deux mains un baquet plein d'eau, et l'en ayant aspergé abondamment, elle parvint à éteindre une partie de son feu.

Ma tante alors me dit qu'elle voyait que la malignité de notre étoile nous poursuivait toujours, et qu'il ne pouvait y avoir de sureté pour nous parmi les hommes , à moins de les choisir, ou vieux et infirmes, ou de saints personnages , comme son curé.

En conséquence , elle signifia à la maîtresse de l'auberge (qui ne demandait pas mieux, par la jalousie qu'elle ressentait, de voir la supériorité de l'influence que j'avais sur le physique de son époux), qu'elle allait m'emmener , et elle me fit reprendre mes habits de garçon, pour me conduire au presbytère.

Nous quittâmes donc l'auberge, laissant le mari et la femme libres et au choix de se continuer des reproches ou de négocier un raccommodement.

CHAPITRE XXXII.

Je rencontre un milord. Ma tante me présente au curé.

« EH bien ! ma pauvre Suzon, me dit
» ma tante sitôt que nous fûmes en
» marche, voilà donc encore une his-
» toire d'homme sur ton compte ?
» — Eh bien, ma chère tante, est-ce
» plus ma faute que ce n'était la vôtre
» quand le tabellion voulait vous signer
» la survivance de son épouse ? — Tu
» as raison. C'est un sort qui nous pour-
» suit. — Mais, est-ce que toutes les
» pauvres filles sont exposées comme
» ça ? — Hélas ! oui, car tous les hommes
» un peu riches sont bien vicieux. — Il
» n'y a donc pas moyen de se pré-
» server de leur vice....... Vous m'avez
» dit bien souvent que la sagesse nous
» sauvait de tout....... Eh bien, ma

» bonne tante, je suis certainement
» très-sage; et malgré ma sagesse, voilà
» déjà cinq ou six fois au moins, de
» bon compte, que j'ai été bien près
» d'être...... victime !

» Eh ! ma chère fille, la sagesse, vis-
» à-vis des libertins, est quelquefois un
» motif de plus pour exciter leurs pas-
» sions criminelles...... Peu flattés, dé-
» goûtés même des victoires faciles
» qu'ils obtiennent sur ces filles dont
» l'intérêt ou la corruption décident la
» complaisance, ils cherchent des jouis-
» sances plus raffinées, en s'efforçant
» de triompher d'une ame honnête et
» vertueuse, mais aussi simple qu'inno-
» cente...... Il n'y a pour ainsi dire
» qu'un sûr moyen pour nous mettre à
» l'abri de leurs indécentes persécu-
» tions. — Eh ! lequel donc, ma tante,
» que je l'emploie bien vîte ? — Ma pau-
» vre enfant, c'est de vieillir..... J'ai
» été, comme tu l'as vu par mon his-
» toire, aussi persécutée que toi dans

K.

» ma jeunesse, et quand tu auras cin-
» quante ans, comme moi, ils te laisse-
» ront aussi tranquille que je le suis à
» présent. — Ah! dieu, je n'en ai pas
» dix-huit, j'ai donc encore bien long-
» temps à être tourmentée ».

A force de causer ainsi, nous avan-
cions, et nous arrivâmes enfin à Avon.
Ma tante voulant prévenir le curé avant
de me présenter, me déposa, pour un
instant, dans une maison d'une paysanne
qu'elle connaissait, et dont le mari tra-
vaillait par fois au jardin du curé.

Elle me recommanda d'être bien sur
mes gardes, quoiqu'il n'y eût pas d'ap-
parence de danger pour moi chez ces
bonnes gens, pour le peu de temps
qu'elle allait me quitter. Je le lui promis; et après être convenues qu'elle
allait m'annoncer sous le nom de *Pierrot*,
son neveu, elle s'avança vers le presbytère, en me promettant d'être de retour
au plus tard sous une petite heure.

Mais le diable n'a besoin que d'une

minute pour faire un mauvais coup......
Après m'être assise un instant dans la
cabane du paysan, voyant que par intérêt pour moi, par amitié pour ma
tante, ou seulement par curiosité,
l'homme et la femme m'accablaient de
questions auxquelles j'étais embarrassée
pour répondre, dans la crainte que
j'avais de ne pas le faire juste, et de
me couper..... je prétextai un mal de
tête et un besoin de prendre l'air, et je
sortis pour me promener sur le chemin.

Il n'y avait pas un demi-quart d'heure
que j'y marchais, lorsqu'il passa une
voiture fort élégante, revenant de la
cour, qui était alors à Fontainebleau ; il
y avait dedans une belle dame avec un
anglais.

La dame me regarda beaucoup, et me
fit remarquer par l'anglais. Ils firent
arrêter la voiture, en tirant le cordon
du cocher, pour mieux me considérer;
et en même temps la dame m'appela
d'un air d'amitié. Je m'avançai volon-

tiers à la voix d'une jeune et jolie femme.
« Que souhaite madame ? lui dis-je,
» aussi poliment que je crus le devoir.
» — Oh ! faites donc attention, milord,
» il a la voix aussi intéressante que sa
» figure est jolie !..... Que faites-vous
» par ici, mon enfant ? — Madame,
» je viens pour y rester avec ma tante,
» qui est gouvernante de monsieur le
» curé. — Oh ! milord, un enfant comme
» cela serait charmant pour faire un
» jokey. *Yesf, veri wouel*, répondit le
» milord. *Goddem !* mon petit, venir
» ici, je parler avec toi..... ». Il me fit
signe de monter sur le marche-pied de
sa voiture. J'y grimpai sans défiance,
et m'appuyant d'une main sur la
portière, l'anglais me prit le bras,
et me dit : « Mon petite, laisser là
» ta tante et ta curé, et venir toi
» avec nous, je faire galonner toi par
» toutes les tailles ; je mettre toi sur une
» belle cheval, et au lieu d'être un
» paysan, toi i va paraître toute suite

» prafe comme un marquis. — Oh ! mon
» bon monsieur, je vous remercie, mais
» je ne peux pas quitter ma tante sans
» sa permission.

» Comment ! mon petit ami, reprit
» affectueusement la belle dame, est-ce
» que vous craignez de n'être pas bien
» avec nous ? Soyez tranquille là-dessus.
» Je suis bonne, moi, et milord est gé-
» néreux. — Je le crois bien, madame,
» mais je ne suis pas le maître. C'est
» ma tante qui décide tout. — *Oh, god-*
» *deam !* je connaître pas la tante, et je
» demander pas son permission. La
» neveu i conviendre pour moi, et
» j'emmener pour lui. Fouetter cocher ».
Et il me retint fortement par le bras sur
la portière, pendant que le cocher poussa
ses chevaux, qui nous emportaient vivement, et que je criais de toute ma
force et me demenais pour m'échapper,
au risque d'être écrasée en tombant
sous les roues de la voiture.

Ma tante revenait justement alors du

presbytère , et reconnaissant de loin ma voix, et me voyant pendue à cette voiture, qui fuyait en m'emportant, elle ameuta, en se mettant elle-même à crier encore plus fort que moi , une troupe d'hommes qui battaient en grange à côté de la cabane du paysan , et qui coururent tous, avec elle, après l'anglais avec leurs fléaux , en criant , en chorus: *Arrête ! arrête !*

Pour surcroît de bonheur, un postillon , de retour de Fontainebleau à Paris , était arrêté là aux environs à boire un coup : il remonta vîte à cheval et galoppa après la voiture qu'il arrêta ; ce qui donna le temps à ma tante et aux batteurs d'arriver. Ils entourèrent l'équipage fugitif, en menaçant les ravisseurs de leurs fléaux. Ma tante me reprit, et tous ces bons paysans noûs remmenèrent en triomphe après avoir un peu houspillé la voiture, les chevaux, le cocher , le milord , et jusqu'à la belle dame , qui voulaient emmener des français pour en faire des jokeys malgré eux.

Après avoir bien remercié mes libé-
rateurs, ma tante, en me conduisant
chez le curé, voulut commencer à me
gronder un peu sur cette nouvelle aventure. « Eh mais, ma chère tante ! lui
» dis-je avec un peu d'humeur, menez-
» moi donc dans un pays où il n'y ait
» pas des hommes.......... et même des
» femmes, car je ne sais plus comment
» voir les choses, ni qu'en penser, puis-
» que c'était la femme qui était la plus
» entêtée pour m'avoir, et qui a poussé
» le milord à mon enlèvement. — Mais
» tu as toujours le premier tort d'avoir
» marché sur le chemin ; il fallait rester
» chez la paysanne. — Mais chez la
» paysanne il y avait un homme aussi !
» — Oui, mais cet homme-là est hon-
» nête. — Ça se peut ; mais le faux
» cousin que nous avons rencontré et
» suivi, avait l'air de l'être aussi.
» — Mais il est vieux. — Le procureur
» chez qui j'ai servi, l'était aussi. — Mais

» sa femme était là. — Eh mais le lit où
» était la femme du tabellion, touchait
» au vôtre !..... Vieux ou jeunes, mariés
» ou garçons, vous m'avez déjà dit, ma
» tante, et je le vois bien par moi-même,
» que les hommes en cherchent et en
» prennent par-tout : je vous le répète
» encore, ça ne sert à rien de se méfier
» d'eux, il faut les fuir tout-à-fait... Oh!
» menez-moi vîte dans un endroit où il
» n'y en ait pas.

» En ce cas là, viens donc avec moi :
» c'est pour ça que je te mène au pres-
» bytère ; c'est comme s'il n'y en avait
» pas, là. — Mais n'y a-t-il pas monsieur
» le curé. — Oh ! Jésus ! qu'est-ce que
» tu vas penser et dire là ! c'est un blas-
» phême, ça, ma nièce ! et tu t'en
» confesseras.... C'est un saint homme,
» je t'en ai prévenue : j'ai déjà demeurée
» un an chez lui jadis..... et, sans vanité,
» je te valais bien dans ce temps-là, si
» ce n'est pour la figure, au moins pour
» certains autres agrémens......... dont

» certes un amateur pouvait bien s'ac-
» commoder...... et jamais il ne m'a dit
» un mot, ni fait même un geste qui ait
» pu effaroucher ma pudeur....... Il y a
» pourtant dix-sept ans de ce que je te
» parle là, et il était encore jeune aussi,
» lui, et dans l'âge de la tentation ; au
» lieu qu'à présent , le pauvre cher
» homme..... eh mon dieu ! il n'a seu-
» lement pas l'idée du péché !..... Après
» ça, il n'y a plus que son vicaire........
» — Eh mais, ce vicaire, c'est un
» homme encore, je crois bien !........
» — Oui, c'en est un, si tu veux ; mais
» pense donc que ces gens-là font vœu
» de la chasteté, et qu'ils la prêchent
» tous les jours !...... — Je le sais bien,
» ma tante, mais la prêcher aux autres,
» et l'observer soi-même, c'est deux !
» Oh mais ! tu es trop soupçonneuse ,
» aussi !.. et, comme je t'ai dit, c'est un
» gros péché que de penser mal de ces
» gens-là. — Dame, c'est qu'après ce que
» j'ai vu, et tout ce que vous m'avez ra-

» conté, je me méfie de tout le monde.
» — On peut se méfier, ma nièce, mais
» il ne faut pas calomnier : pour moi, je
» passerais le jour et la nuit bien tran-
» quillement auprès du vicaire. — Ma
» tante, vous venez de me dire que vous
» aviez cinquante ans passés. — Je sais
» bien mon âge, ma nièce ; mais, quoi-
» que je vous l'aie accusé , et peut-être
» même à quelques mois de trop.... car
» je n'ai pas d'amour propre ; apprenez
» qu'il y a des personnes qui ne parais-
» sent pas avoir celui qu'elles ont réel-
» lement........ Au surplus, je serai là
» pour veiller sur tout, et je ne vous
» laisserai ni séduire par les autres, ni
» écarter de vous-même ».

Pendant cet intéressant dialogue, nous
étions arrivées au presbytère, et nous y
entrâmes.

Le bon et vieux curé me reçut fort
bien sous le nom de *Pierrot*, et, après
trois ou quatre questions auxquelles ma

tante répondit plus de moitié pour moi,
le vertueux pasteur me dit que par consi-
dération et estime pour ma tante, il me
garderait chez lui, et m'emploierait à
de petites occupations, comme de net-
toyer dans l'église, d'épousseter les chandeliers, de récurer les lampes, de frot-
ter les bancs, etc., et qu'il me recom-
manderait au vicaire pour qu'il m'apprît
bien ma religion, mon catéchisme, et
sur-tout qu'il me mît en état de répondre sa messe...... qu'enfin il ferait de
moi un petit *sacristain*, et qu'avec le
temps, si j'étais sage, je parviendrais
à l'éminente dignité de *bedeau*.

Cette belle perspective-là ne me flattait
pas infiniment, et l'honorable et impo-
sant emploi de répondre la messe, ou
celui de distribuer de l'eau bénite, ne
m'affriandaient pas plus l'un que l'autre.
Cependant je n'osai rien dire là-dessus
au curé, de mon chef, et je me réser-
vais à causer avec ma tante, sur l'in-
convenance qui me frappait déjà entre

mon sexe, et les fonctions auxquelles on me destinait.

Effectivement, pas plus tard que le soir, lorsqu'après le souper et le coucher du pasteur, nous fûmes retirées dans la chambre de ma tante, j'essayai à lui faire sentir l'inconséquence de notre démarche et le ridicule qu'il y aurait à voir une fille à genoux sur les marches de l'autel, soulevant humblement le derrière de la chasuble de monsieur le curé..... ce qui me rappelait presque le tableau de ma bonne tante relevant la chemise d'un malade, pour lui insinuer un remède.

Elle me répondit en vain que les assistans ne sauraient pas que je serais une fille, et qu'ainsi il n'y aurait pas de scandale..... Je voyais toujours là un louche qui me répugnait autant que le premier lavement que j'avais refusé de donner à monsieur l'abbé, maître de monsieur de Lafleur...... et je ne savais à quoi me déterminer.

CHAPITRE XXXIII.

*Je me confesse au vicaire : comment
il veut me donner l'absolution.*

MA tante me sermonna tant, en me
disant que ce ne serait que pour quelque temps, et que sitôt qu'elle aurait
trouvé une bonne occasion, qu'elle
allait chercher pour moi, elle m'emploierait différemment, que j'y consentis pour lui complaire.

Je commençai donc à balayer dans
l'église, à secouer, épousseter et ployer
les chappes et ornemens, et à récurer
les lampes et les chandeliers de cuivre
argenté...... j'allai même au catéchisme
et aux instructions du vicaire, qui devait m'apprendre à répondre la messe...
mais il me parut bientôt qu'il était
d'humeur à vouloir m'en faire chanter
une première, à moi-même.

L.

C'était un homme de trente ans, tout au plus, d'assez bonne mine, et qui me regardait toujours d'un air qui semblait deviner quelque chose de mon travestissement.

Un jour enfin, et il n'y avait guères qu'un mois que j'étais au presbytère, le curé m'ayant engagée à approcher des sacremens, pour me disposer à une grande fête qu'on allait célébrer, je dus commencer par la confession, et c'était le vicaire qui devait m'entendre.

Intimidée et troublée par toutes les réflexions que j'avais déjà faites sur l'irrégularité de ma conduite, je m'approchai du confessionnal en tremblant, et les questions pressantes et insidieuses du vicaire achevèrent de me démonter..... Je balbutiai, je me coupai..... bref, comme j'étais de bonne foi, et que par un motif de religion même, je voulais tranquilliser ma conscience, je finis par lui avouer mon sexe, et les raisons qui m'avaient portée, ainsi que ma tante , à tromper le bon curé sur ce point.

Le vicaire , enhardi par l'aveu de ce secret, qu'il avait eu déjà la clairvoyance de deviner à-peu-près , me dit , d'un air caffard , que comme il était à ce tribunal de pénitence pour entendre tous les autres pécheurs , il n'avait pas alors le temps de me dire beaucoup de choses nécessaires et relatives à l'état de ma conscience ; mais que nous avions l'occasion de nous revoir , puisque je demeurais , ainsi que lui , au presbytère.......... que je me retirasse donc, pour lui laisser expédier les autres, et que j'allasse le lendemain matin à sa chambre , sans rien dire au curé ni à ma tante , et que là , tête-à-tête , nous achèverions l'examen de cet article important ; et il me renvoya.

Je ne savais trop si je devais aller chez ce vicaire ; je ne sais quoi m'inspirait de l'éloignement pour sa chambre. Trois fois je vins jusqu'à sa porte ,

et trois fois je me retirai sans oser frapper....... Il me semblait qu'on ne devait
se confesser que dans un confessionnal !...... « Eh bien, me disais-je, il
» en a peut-être un chez lui..... Et puis,
» le curé, qui est un saint homme, ne
» dit-il pas tous les jours que le bon
» Dieu est par-tout et qu'il voit tout....
» et le vicaire ne le répète-t-il pas aussi
» chaque fois qu'il fait le catéchisme....
» puisqu'il le sait si bien, il pense donc
» qu'il est dans sa chambre comme à
» l'église !........ je dois donc le croire
» aussi, moi....... et, comme m'a dit
» ma tante, cette méfiance que j'ai du
» vicaire, est encore un péché dont il
» faut que je m'accuse à lui.... Entrons
» donc ».....

Et je m'avançai plus hardiment cette
fois ; et, après avoir fait, bien dévote-
ment un bon signe de croix, je frappai
un petit coup à sa porte.

Il m'ouvrit... Je ne sais s'il m'attendait déjà, ou si je l'avais surpris pour

avoir été trop matin , mais il me parut d’abord qu’il n’avait sur lui qu’une simple et longue soutane , et rien par-dessous.

Je m’excusai d’être venue de si bonne heure , et voulus me retirer pour lui laisser achever sa toilette , en lui disant que je reviendrais un peu plus tard........ mais il me retint sous le prétexte que les affaires de conscience ne souffraient aucun retardement ; que souvent la grâce de Dieu , qui nous donnait dans un moment la componction et le repentir , nous manquait dans un autre ; et que quelquefois la perte d’une seule minute pouvait occasionner la perte d’une ame !

Après ce beau et dévot préambule , il voulut me faire asseoir. Je voulais me mettre à genoux..... mais il s’obstina à me faire mettre sur une chaise qu’il approcha de sa bergère , sur laquelle il s’étendit fort librement.

« Mon enfant , me dit-il , nous ne
» sommes pas ici à l’église , et l’on peut

» y prendre des postures moins con-
» traintes ; ainsi , mettez vous à votre
» aise , et ne nous gênons pas ».

Ce début me parut un peu leste pour une préparation à un sacrement !

« Savez-vous , ma fille , continua-t-il
» en me prenant les mains d'une manière
» encore plus libre , que vous avez com-
» mis un gros péché , en vous dégui-
» sant ainsi sous un habit scandaleux....
» et que je suis embarrassé pour la pé-
» nitence que je dois vous ordonner ?
» Comment , donc ! dis-je , en baîs-
» sant les yeux , toute confuse , un ha-
» bit scandaleux ? — Eh mais , ouï ;
» un habit qui laisse voir toutes les
» formes voluptueuses et attrayantes
» qu'une jeune fille doit cacher avec
» soin.... Voilà vos jambes et vos cuis-
» ses toutes découvertes , en promenant
» sa main tout le long....... il est vrai
» qu'elles sont admirablement bien fai-
» tes !........... mais c'est encore une
» tentation que cela donne de plus. —

» Mais, mon cher monsieur, cela ne
» peut pas tenter puisqu'on ne sait pas
» que c'est à une fille. — Oh, oh !
» qu'on le devine aisément, allez ! et
» je n'en ai même pas été la dupe plus
» d'un jour. De plus, voilà encore ici
» d'autres jolies choses qui annoncent
» bien décidément votre sexe ». Il caressait mon sein. Je n'aurais pas voulu
le laisser faire, et je n'osais l'en empêcher de peur de sa colère, qui pouvait être dangereuse pour ma tante et
pour moi...... d'ailleurs, je ne devais
pas encore lui supposer de mauvais des-
seins, craignant aussi de retomber dans
le péché de la défiance que j'avais eue
de lui, et que ma tante m'avait si fort
défendue... Je lui dis seulement qu'en
habillement de fille, ces marques de
mon sexe paraîtraient encore davantage.

« Cela se peut, reprit-il, mais elles
» étonneraient moins ; et les égards que
» l'on doit à ce sexe aimable, serviraient

» de porte-respect , au lieu que dans
» un garçon, qui ne doit pas avoir de
» ces éminences intéressantes , la sur-
» prise fixe les yeux dessus , et excite
» des désirs criminels que l'on retient
» d'autant moins, qu'on suppose moins
» de décence à la personne déguisée.

» Vous m'effrayez , monsieur ! et vrai-
» ment je n'ai pas pensé commettre tant
» de mal ; c'était au contraire pour em-
» pêcher les autres d'en commettre à
» mon sujet , et d'avoir de ces désirs
» criminels dont vous parlez , que ma
» bonne tante avait imaginé de me tra-
» vestir ainsi. — Comment ! monsieur
» le curé ne sait pas que vous êtes une
» fille ? — Non , monsieur , très-certai-
» nement. — Allons donc , vous ne me
» le ferez pas accroire..... Il est vieux
» véritablement , et ses yeux ne sont
» pas bien clairs ; mais il a de bonnes
» lunettes , qui lui rapprochent et lui
» éclaircissent les objets..... et en voilà
» qui ont dû frapper sa double visière »...

» et il reportait toujours les mains sur
» ma gorge..... Puis, en me tirant sur
» ses genoux...... Avouez-moi le fait,
» mon enfant. Quoique je vous aie dis-
» pensée des formules et des postures
» humiliantes auxquelles on est assu-
» jéti dans le temple du Seigneur, ne
» vous en regardez pas moins ici comme
» au saint tribunal de la pénitence, et
» pensez bien que déguiser la vérité,
» c'est encore aggraver ses premières
» fautes, et se rendre indigne d'en
» recevoir le pardon.

» Mais, monsieur, je ne peux pas
» vous avouer ce qui n'est pas. — Quoi !
» monsieur le curé n'a jamais touché
» ces deux jolis petits pécheurs - là ?
» Et il les retouchait encore. — Non,
» monsieur, certainement. — Et il ne
» les a jamais baisés ? et il voulut les
» baiser lui-même....

» Monsieur, lui dis-je, en le repous-
» sant avec émotion, monsieur le curé
» est un saint homme qui ne s'est ja-

» mais permis, vis-à-vis de moi, des
» libertés indécentes. — Ah ! vous vous
» obstinez à le nier !... Vous ne vou-
» lez donc pas que je vous donne l'ab-
» solution de vos fautes ? — Monsieur,
» je suis venue vous la demander pour
» celles que j'ai commises. — Eh bien,
» détaillez-les-moi donc. — Mais je vous
» les ai toutes déclarées hier , et je ne
» sache pas en avoir fait d'autres de-
» puis.... — Mais votre histoire avec le
» curé ?.... — Monsieur , vous l'offen-
» sez , et moi aussi. Il est un respec-
» table prêtre, et je suis une honnête
» fille. — Oui , qui se déguise en gar-
» çon pour coucher chez un homme.
» — Tous les prêtres , quoique des
» hommes, ne sont pas tous des dé-
» bauchés........ — Ah , ah ! une épi-
» gramme que vous me lancez !........
» C'est encore un péché de plus pour
» lequel je vais vous donner une pé-
» nitence.... Or donc , puisque le curé
» vous a recommandé le silence sur cet

» article , dont vraisemblablement le
» bon vieillard vous donne l'absolution
» comme il peut...... je ne vous ferai
» plus de question à ce sujet , et je
» vous en donnerai même aussi mon
» absolution..... qui vaudra mieux que
» la sienne....... mais lorsque vous au-
» rez fait la pénitence que je vous im-
» pose , et qui n'est pas rude ; c'est
» de m'embrasser.... Venez , ma char-
« mante pécheresse , et je vais vous
» absoudre ».

Alors il se leva vivement , m'em-
brassa malgré moi , sans que je pusse
m'en défendre , tant j'étais abasourdie
de ses discours. Il me dit que nous
allions d'abord déjeûner avec des con-
fitures et de bon chocolat qu'il m'avait
préparé , et qu'ensuite nous procéde-
rions à mon absolution générale , avec
la permission même de continuer mon
déguisement ; qu'il ne me demanderait
qu'une chose , c'était d'être discrète à
son égard comme je l'étais à celui du

curé , et qu'il se persuadait que bientôt je ne voudrais plus que lui seul pour
confesseur et directeur.......... Alors il
avança à son armoire pour en tirer des
pots de confiture ; moi, au contraire, je
me rapprochai de la porte pour sortir
de chez lui..... mais je ne l'osai pas.
La crainte de mettre ma tante dans
l'embarras , si le vicaire révélait mon
travestissement au curé , et la promesse
qu'il me faisait de m'en donner l'absolution , et la permission de le continuer, me retenaient dans cette chambre,
malgré les impulsions secrètes qui me
poussaient à en sortir.

Pendant ce combat intérieur qui se passait en moi, entre la pudeur qui me paraissait en risque, d'un côté, et l'intérêt de mes affaires , de l'autre, le vicaire avait couvert sa table de conser-
ves , de gêlée et de fruits confits, et
avait fait mousser dans des tasses du
chocolat qui était effectivement apprêté
d'avance , et qu'il avait tenu tout chaud

devant le feu.... Il me rattrapa donc, hésitant près de la porte, et me fit rasseoir en me disant de ne plus penser au sacrement ; que la confession était finie ; qu'il n'y avait plus ni pénitente ni confesseur, mais deux bons enfans qui pouvaient et qui devaient devenir deux bons amis.... qu'il ne tenait qu'à moi de voir combien il voulait sincèrement être le mien ; et pour me le prouver, il me caressait et m'embrassait toujours en me servant et me faisant manger malgré moi.

· « Mais, monsieur le vicaire, lui dis-je
» enfin, est-ce donc comme cela qu'on
» administre le saint sacrement de la
» pénitence ?.... Et moi, qui me con-
» fesserais comme d'un grand péché, si
» je m'étais laissée embrasser par un
» autre, n'en fais-je donc pas un plus
» mortel de me laisser embrasser par
» un homme d'église ?

» Oh ! non, reprit-il, c'est bien dif-
» férent ! Dieu nous a donné, à nous

» autres prêtres, comme jadis Jesus à
» ses apôtres, le pouvoir de lier et de
» délier..... d'ailleurs, vous devez bien
» le savoir..... Est-ce que le bon curé
» ne vous en fait pas autant? — Je vous
» ai déjà dit, lui répondis-je, premiè-
» rement, que monsieur le curé ne me
» connaît pas pour être une fille; se-
» condement, qu'il est trop vertueux
» pour abuser de mon sexe s'il le con-
» naissait. — Dites donc trop vieux,
» reprit-il vivement et avec malignité...
» Au surplus, tant mieux si le bon
» homme ne le sait pas ! gardons ce se-
» cret-là entre nous deux ; et vous ver-
» rez, telle chose qu'il en soit, que vous
» ne perdrez pas au change ».

Et, s'animant à mesure par l'indé-
cence de tous les propos qu'il me tenait, il se leva, et me faisant lever aussi,
il voulut m'entraîner du côté de son lit....

« Eh bien ! eh bien ! monsieur le vi-
» caire, lui dis-je, en résistant à ses
» efforts, que faites-vous ?.... où me
» menez-vous donc ?... — Au confes-

» sionnal, où je vais vous donner l'ab-
» solution. — Fi, donc ! monsieur, m'é-
» criai-je, en le repoussant, j'avais cru
» jusqu'à présent que vous plaisantiez
» ou que vous vouliez m'éprouver ; mais
» je n'aurais jamais attendu pareille
» chose d'un homme de votre carac-
» tère. Je ne veux pas de votre abso-
» lution. — Comment, petite endurcie !
» vous tombez donc dans l'impénitence
» finale ?... vous persévérez dans votre
» péché, et vous refusez les moyens
» que je vous offre de vous sauver !...
» — Mais, monsieur, ces moyens-là
» me damneraient plutôt. — Eh bien !
» dit-il, hors de lui, damnons-nous
» donc ensemble. Je veux aller au même
» enfer que mon curé.... ou vous faire
» convenir que je sais mieux mener en
» paradis que lui ».... Et me poussant
fortement sur son lit, pour m'absoudre
malgré moi.... je ne sais trop auquel
de ces deux si différens séjours il allait
me faire trouver, lorsque de grands
coups précipités, frappés à sa porte,

lui firent lâcher prise , et nous retirèrent tous deux du chemin équivoque
dans lequel il voulait entrer avec moi....

Il me conjura, à basse voix , de me
mettre à genoux devant une chaise près
de son fauteuil , et de ne rien dire....
et il ouvrit. C'était ma tante.

Sans avouer encore que j'eusse ré-
vélé le secret de mon sexe au vicaire ,
je lui avais dit qu'à cause du grand
nombre de ses pénitens , il m'avait
engagée à venir me confesser chez lui
le matin. Etonnée de me voir tant tarder
à retourner , et le curé m'ayant déjà de-
mandée, elle accourait pour me chercher.

Elle fut édifiée de me trouver à genoux.... Mais me voyant échauffée et
toute rouge.... « Eh , mon Dieu ! mon-
» sieur le vicaire ! vous l'avez donc bien
» grondé , lui dit-elle ; il est vrai que
» c'est un petit drôle qui est bien espiè-
» gle.... mais ça ne peut pas encore
» avoir commis de péchés mortels ; et ,
» outre la menterie, la gourmandise , la
» désobéissance et la paresse...... je ne

» crois pas que sa confession puisse
» rouler sur autre chose......

» Eh mais ! dit le vicaire , jugeant
» à ce discours que ma tante ne savait
» pas que je lui avais déclaré mon sexe,
» et en me faisant des signes, ces pé-
» chés-là méritent assez de fortes péni-
» tences ; mais votre neveu a la con-
» trition , il m'a promis de ne plus re-
» tomber, et j'allais lui donner l'abso-
» lution quand vous avez frappé......
» c'est comme s'il l'avait...... et je lui
» ai dit que s'il voulait se laisser con-
» duire, je le mettrais dans le chemin
» du paradis. Mais comme vous nous
» avez interrompus, et que les actes
» de ce sacrement sont des mystères
» secrets, nous y procéderons une autre
» fois. A présent, la bonne tante , pro-
» fitez de l'occasion, puisque vous voilá,
» et prenez une tasse de chocolat..... ».
Et il lui en versa , après lui avoir avancé
une chaise.

Ma tante avait du coup d'œil et de la
prudence : elle devina bien vîte . à mon

air, qu'il y avait quelque chose d'extraordinaire ; mais elle calcula en même temps qu'il fallait tout savoir au juste, avant de prendre un parti, et que celui de heurter le vicaire n'était pas le plus sage..... Elle fit donc mine de ne rien soupçonner, accepta sa tasse de chocolat avec bien des remercîmens, la but sans me faire à moi-même aucune question, et demanda ensuite au vicaire la permission de me remmener, parce que monsieur le curé avait besoin de moi.

Il joua de même aussi fort bien son jeu. Il nous reconduisit jusqu'au bas de son escalier, et ayant eu l'attention de faire passer ma tante la première, il me serra la main par-derrière elle, en me recommandant de ne lui rien dire, jusqu'à ce qu'il m'eût parlé en particulier dans le courant de la journée.... Me voilà donc hors de chez le vicaire, et ma bonne tante m'a encore retirée d'une situation bien critique.

Fin de la troisième partie.

TABLE DES CHAPITRES

Contenus dans la troisième partie.